Aurea Pereira Steberl
Paula Macedo Weiß

AUREA.

© *axel dielmann – verlag*
Kommanditgesellschaft in Frankfurt am Main, 2024
Original-Ausgabe bei Folhas de Relva Edições, São Paulo
Alle Rechte vorbehalten.

Gestaltung: Urs van der Leyn, Basel
Satz: Dagmar Mangold, Bad Soden
Übersetzung: Michael Kegler, Hofheim
© *Cover: António Obá, 2021,*
Variation on Sankofa – Whosoever takes the reins opens the paths
Courtesy of the Artist and Mendes Wood DM São Paulo, Brussels,
New York. Copyright of the Artist. Photo by Bruno Leão.s
© *Autorinnenfoto Rückseite: Dominik Mentzos*
– mit freundlichem Dank

Obra publicada com o apoio da Fundação Biblioteca Nacional
do Ministério da Cultura do Brasil e do Instituto Guimarães
Rosa do Ministério das Relações Exteriores do Brasil – *das ist:*
Veröffentlicht mit Unterstützung der Stiftung für die National-
bibliothek des brasilianischen Kulturministeriums und des
Instituts Guimarães Rosa des brasilianischen Außenministeriums

– wir bedanken uns freundlichst.
www.dielmann-verlag.de

ISBN 978 3 86638 438 5

Eine brasilianische Lebensgeschichte

**Aurea Pereira Steberl
Paula Macedo Weiß**

deutsch von

Michael Kegler

axel dielmann — verlag

Kommanditgesellschaft in Frankfurt am Main

Allen, die sich nicht vor dem Kampf drücken.

Quem tem consciência para ter coragem
Quem tem a força de saber que existe
E no centro da própria engrenagem
Inventa contra a mola que resiste

> *Wer das Bewusstsein besitzt, Mut zu beweisen*
> *Wer die Kraft hat, zu wissen, dass es ihn gibt*
> *Erfindet im Innern des eig'nen Getriebes*
> *Etwas gegen die Feder, die sich nicht verbiegt*

Quem não vacila mesmo derrotado
Quem já perdido nunca desespera
E envolto em tempestade, decepado
Entre os dentes segura a primavera

> *Wer nicht zögert, obwohl längst geschlagen*
> *Wer verloren doch nie der Verzweiflung verfällt*
> *Und enthauptet umgeben von Stürmen*
> *Zwischen den Zähnen den Frühling hält*

(Primavera nos Dentes, Secos e Molhados)

Vorbemerkung von Aurea Pereira Steberl

Irgendwann einmal suchte ich spirituellen Rat, weil ich wieder einmal an eine Weggabelung gelangt war, keinen Ausweg fand, wie so oft. Ich schlug mich durchs Leben, und das setzte Tag für Tag alles daran, mir noch eins auszuwischen. Die Antwort lautete: Es wird der Tag kommen, an dem dein Stern strahlt. Ich hielt es für eine Metapher und wartete jahrelang, irgendwann glaubte ich nicht mehr an das Orakel. Nun, 25 Jahre später, fängt mein Stern doch noch zu funkeln an … mit diesem Buch. Paula kam, hat mir zugehört, hat sich meiner Geschichte angenommen und sich kopfüber hineingestürzt in dieses Buch.

Schon lange hatte ich mir überlegt, meine Geschichte einmal aufzuschreiben, aber ich wusste nie, wo ich anfangen sollte. Paula hat diesen Traum nun verwirklicht. Ich wollte Anerkennung, eine Stimme haben, gehört werden. Ich wollte auch anderen Frauen in ähnlichen Situationen ein Beispiel sein: So sehr man auch versucht, dich zu unterdrücken, geh weiter, vertraue auf dich und sei zuversichtlich.

Ein Sprichwort sagt: „Ein Mensch sollte drei Dinge im Leben tun: ein Kind bekommen, einen Baum pflanzen und ein Buch schreiben." Die ersten zwei Dinge habe ich im Lauf eines halben Jahrhunderts Leben geschafft, das dritte, dachte ich, würde ich nie erreichen. Nun, in fortgeschrittenem Alter, als ich längst keine Hoffnung mehr hatte, setzt sich Paula dafür ein.

Ich kann also sagen, dass meine Zuversicht nach zwei Jahrzehnten obsiegte. Mit Intelligenz, Schläue, Liebe und Gerechtigkeitssinn, den vier göttlichen Eigenschaften, die mir vermacht wurden, ist mein Wunsch in Erfüllung gegangen. Ich denke 24 Stunden am Tag, sieben Tage die Woche an dieses Buch und hoffe, es macht mich sichtbar. Ich habe immer so viel getan, und niemand hat meinen Kampf anerkannt. Meine Geschichte zu erzählen und gesehen zu werden, war immer schon mein großer Traum.

Vorbemerkung von Paula Macedo Weiß

Trotz unserer unterschiedlichen Lebenserfahrungen und gesellschaftlicher Positionen einte uns die Erfahrung des Lebens im Ausland. Ähnlich sind wir uns in dem kulturellen Gepäck, das wir mitgebracht hatten und den Werten, die wir teilen, sind beide von ausgeprägtem Temperament und uns sehr nah in den Vorstellungen über Freundschaft und Familie. Wenn es um ihre Tochter und ihre vier Enkel geht, ist Aurea eine Löwin – die geborene Versorgerin. Sie lehrte mich, was es heißt, Mutter zu sein. Sie sah meine vier Kinder zur Welt kommen, aufwachsen und war mir oft eine Stütze – so wie ich ihr.

Anfangs drehten sich unsere Gespräche hauptsächlich um den Alltag. Es war nie unpersönlich, doch erst die Pandemie schuf letztendlich damals, als sich alles entschleunigte, wirkliche Nähe. Auch wir unruhige Geister auf unserer ewigen Suche waren nun dazu verdammt, auf dem Boden zu bleiben, und schufen uns unseren eigenen, gemeinsamen sicheren Raum.

Irgendwann, als wir uns wieder einmal über ihre unzähligen Schicksalsschläge unterhielten und darüber, wie es ihr jedes Mal wieder gelang, ihnen zu widerstehen und sie zu überwinden, entstand der Gedanke. Aus dem, was anfangs noch eine Feststellung war – was für ein Leben, mein Gott, das muss die Welt doch erfahren! – entwickelte sich schließlich eine Idee und dann der Auftrag. Willst du nicht meine Geschichte aufschreiben? Ich sagte sofort zu, fühlte mich geehrt und empfand gleichzeitig die Last der Verantwortung und welche Herausforderung das bedeutete.

Meine größte Sorge dabei war, den richtigen Ton zu entwickeln für die Erfahrungen, die Aurea mir anvertraute, wohl wissend, dass das, was ich erzählt bekam und für mich interpretierte, stets auch vermittelt war durch die unterschiedlichen Ebenen unserer Beziehung. Aurea war mehr als 17 Jahre lang bei uns im Haushalt beschäftigt, und wenn sie auch täglich sehr eng in Kontakt mit uns war, war sie doch Angestellte – und trotzdem, trotz der in so einem Arbeitsverhältnis unweigerlichen Asymmetrie, herrschten immer auch gegenseitiges Vertrauen und große Vertrautheit.

Ein Angestelltenverhältnis ist ein Verhältnis der Macht. Ein Angestelltenverhältnis im Haushalt ist dabei noch einmal besonders, denn es lässt ein oft trügerisches Gefühl einer Nähe und Zugehörigkeit entstehen, ein *fast zur Familie gehören*, jedoch ohne dass die Asymmetrie dadurch endet. In den vielen Jahren, in denen wir zusammengearbeitet hatten, war unser Verhältnis schon eng gewesen, hatte sich entwickelt, wir wussten, dass wir uns aufeinander verlassen konnten, doch die Barriere des Angestelltenverhältnisses war bis zum Schluss da gewesen.

Das Ende des Arbeitsverhältnisses läutete eine neue, signifikante Veränderung ein. Es war der Moment, in dem wir anfingen, uns mehr über früher zu unterhalten als über die Gegenwart. Unser Austausch wurde enger, und ich zu einer Bewahrerin ihrer Erinnerungen. Was sie erzählte, weckte meine Neugier auf das, was sich noch alles unter dieser Oberfläche verbergen mochte. Und nun sprudelte ihre Geschichten ungebremst aus ihr heraus, wie aus einem Vulkan, der nur darauf gewartet hatte, über Jahrzehnte gesammelte Erlebnisse und Erfahrungen wie glühendes Magma herauszuschleudern. Das, was mir da an Erzähltem geschenkt wurde, festigte unseren stillschweigenden Pakt und mein Versprechen, über das brodelnde Magma zu schreiben.

Aurea wünschte sich dieses Buch und wollte, dass es entsteht. Wir redeten stundenlang über ihr Leben, und taten das auch, um für uns selbst einen Ort zu finden, an dem wir beide uns wohlfühlen. Es war unser gemeinsamer Wille, wenngleich aus unterschiedlichen Gründen, und ich zögerte lange noch aus dem Bedenken heraus, doch nicht den angemessenen Ton finden zu können für ihre Lebensgeschichte, vielleicht doch nicht diejenige sein zu können, die ihre Geschichte schreibt. Aber Aurea wollte es nicht nur, sondern ließ auch nie einen Zweifel an ihrer Rolle als Protagonistin. Es waren ihre unermüdliche Entschlossenheit und ihr Wille, die schließlich in diesen Text mündeten. Mir kam nur die Rolle der Schreiberin zu, die ihr Leben aufzeichnet. Und doch ist es unmöglich, über Aurea zu schreiben, ohne gleichzeitig ein wenig über mich. Diese Reise zu zweit war eine Einladung zur Selbstreflexion, eine Gelegenheit, sich selbst neu zu definieren, und ein schmerzhaftes Lernen. Ich hatte zu keinem Zeitpunkt den Anspruch auf Neutralität oder erst recht Wahrheit erhoben, denn dieser Versuch ist auch Resultat meines eigenen Standorts in der Welt. Das Buch ist also ein Gemeinschaftswerk, das Ergebnis ihrer Erzählung und meines Schreibens. Basierend auf einer wahren Begebenheit, ist dieses Buch die Summe unterschiedlicher Perspektiven und Lebenssituationen der Autorinnen, eine in gemeinschaftlicher Vertrautheit entstandene geteilte Fiktion und ein gemeinsamer Traum.

Die Überlebende

27.10.1955, 13:15 notierte die Krankenschwester. Als Aurea zur Welt kam, tauchte der Frühling Belo Horizonte in goldenes Licht. Im Garten des Krankenhauses blühten Kamelien. Endlich eine Tochter, die sie ihre eigene nennen konnten. Vielleicht war die Verkündung der Frohen Botschaft ja weiblich, so ihre heimliche Hoffnung. Sie nannten sie Aurea, die Goldene, *nomen est omen*.

Ihre Mutter, *Dona* Janete, stammte aus dem kargen *Sertão* von Minas Gerais, aus Pains nahe der Stadt Formiga. Sie war als Vollwaise mit den Geschwistern und ihrer noch jungen Großmutter nach Belo Horizonte gelangt, um zu überleben, wie sie selbst sagte. Sie waren zusammen dorthin gezogen und lebten zusammen. Aus einer unbedeutenden vorehelichen Beziehung hatte Janete schon einen Sohn, Ismael. Die familiäre Kontrolle belastete sie. Niemand sollte von der Existenz des *illegitimen* Kinds wissen. Wenn Freunde ihres Bruders Jesus kamen, um für die Uni zu lernen, musste sie mit dem Baby im Zimmer bleiben. Das Kind war geduldet, aber man schämte sich für die ledige Mutter. Kaum in der großen Stadt angekommen und unbedingt entschlossen, auf der sozialen Skala nach oben zu kommen, fürchtete die Familie Nachteile.

Ismael starb schließlich, als er zweieinhalb Jahre alt war. Er war mit der Großmutter für ein paar Tage nach Pains gefahren, hatte Keuchhusten bekommen und nicht überlebt; im Herzen von Dona Janete blieb eine Scharte, sie geriet aus dem Gleichgewicht, Ismael, ihr kleines Kind, war ihr wichtigster Antrieb zu leben gewesen.

Aureas Vater, *Senhor* Raimundo, stammte aus Jequié in Bahia und war seinem Bruder, der ihm den Weg ebnete, nach Belo Horizonte gefolgt. Dann war noch ein Bruder nachgezogen und noch einer, schließlich lebten alle fünf Brüder in der Stadt. Seit er dort war, trainierte Raimundo verbissen Gewichtheben, war einmal sogar Meister in seiner Gewichtsklasse. Er war ein stämmiger Mensch, muskelbepackt und stark. Ein Frauenheld.

In Belo Horizonte lernten sich die beiden auch kennen. Nach dem Tod ihres kleinen Sohns hatte Aureas Mutter in einer Fabrik für Arbeitskleidung als Näherin angefangen, in der vor allem Overalls für Fernfahrer hergestellt wurden. Der Lastwagenfahrer Raimundo kam irgendwann etwas anzuprobieren und sie begegneten sich. Janete nähte damals Tag und Nacht, tags in der Fabrik und nach Feierabend zu Hause, um über die Runden zu kommen. Ihre Nähmaschine wurde noch von einem Pedal angetrieben, ohne Motor, und die Arbeit war körperlich anstrengend. Trotzdem schaffte sie um die dreißig Overalls pro Woche. Irgendwo hatte sie einmal gelesen, dass Arbeit frei mache.

Als sie Raimundo kennenlernte, trauerte Janete noch sehr um den Verlust ihres Kindes. Aurea weiß wenig darüber, wie die Beziehung begann, doch es heißt, es sei nicht sehr romantisch gewesen, im gebrochenen Herzen von Dona Janete sei jedoch große Hoffnung gewesen. Sie verlobten sich, hatten es eilig. Raimundo wollte sich etablieren, Janete glaubte, die Ehe sei gut gegen ihren Schmerz, und die Familie freute sich, endlich den Makel zu überwinden, der auf ihrer Vergangenheit lastete. Für alle Seiten ein gutes Geschäft. Nach nur wenigen Monaten heirateten sie, er war 33 und sie 25 Jahre alt.

Kurz nach der Hochzeit prallte sie auf dem Boden der Tatsachen auf. Raimundo war herrschsüchtig. Seine Frau in der gesellschaftlich festgelegten untergeordneten Rolle zu sehen, reichte ihm nicht, schließlich hatte er ihr den Gefallen getan, sie – obwohl sie schon einmal ein Kind gehabt hatte – zu heiraten. Er erniedrigte sie, wo es nur ging, und spielte seine Macht nach Gutdünken und willkürlich aus. Und er betrog seine Frau vor ihren Augen, und wenn sie ihn damit konfrontierte, drehte er ihr das Wort im Munde herum. Damit müsse sie leben. Ihr Leid verfestigte sich zu einem Panzer aus Traurigkeit unter der Haut, der ihr Leben wie eine Membran überzog.

Dona Janete war sehr unglücklich in ihrer Beziehung, aber sie ertrug alles, für sich selbst und den Kindern zuliebe, die nicht lang auf sich warten ließen, vielleicht auch, um den Anschein zu wahren. Eine

Familie, so schlimm sie auch sein mochte, bot einen gewissen Rückhalt, die Illusion einer Sicherheit, die sie nie gehabt hatte, Schutz und gesellschaftliche Anerkennung. Nach den Maßstäben ihrer Zeit dachte sie wohl, erst mit der Heirat würde sie als Frau jemand werden. Mehr als zwanzig Jahre sollte dieses Martyrium andauern. Aber vielleicht schweißt der Schmerz auch zusammen, oder er schwächt – oder tötet.

Das Schicksal war unerbittlich. Janete und Raimundo bekamen insgesamt zwölf Kinder, neun davon lebten nicht lang. Einige starben, kaum dass sie auf die Welt gekommen waren. Dazwischen kam Aurea. Als Nummer 6, das mittlere Kind, ihre einzige Tochter und die erste, die überlebte. Das Leben beschenkte sie also mit einer Tochter. Als Segen empfanden sie dies, aber zufrieden waren sie damit noch nicht, wollten mehr, hofften in guter patriarchaler Sitte auf einen Sohn. Sie versuchten es erneut, es kamen weitere Kinder. Einige davon sah Aurea mit eigenen Augen sterben, sie war die Überlebende; das sollte ihr Schicksal sein.

Von den verstorbenen Kindern hatte Ismael noch am längsten gelebt. Die anderen acht lebten nur kurz; vielleicht eine Erbkrankheit, keiner weiß es. Keins wurde auch nur ein Jahr alt. Sie kamen zur Welt, und bald schon wich das Leben aus ihnen, nahm die Wärme ihrer kleinen Körper mit und ließ nichts als Kälte zurück. Dona Janete war körperlich angeschlagen, und mit jedem Verlust verschlechterte sich ihr Gesundheitszustand, sie fiel in sich zusammen, innerlich wie auch äußerlich. Und ihr Herz wurde mit jedem neuen Leid, das sie zu bewältigen hatte, schwächer und schwächer. Am Ende blieben ihr nur Aurea und zwei jüngere Brüder.

Sie wollten unbedingt einen Sohn, und sie versuchten es, bis es gelang. Gott sei's gedankt, kam Aurélio und wurde sofort zum Liebling der Eltern. Als er geboren wurde, wohnten sie noch in einem guten Haus im Stadtviertel Vila Ipiranga zur Miete. Auf einmal aber setzte Raimundo sich in den Kopf, umzuziehen, nach São Paulo, um dort bessere Fahrten zu bekommen, und nahm die Familie mit. So ist das als Kind eines Lastwagenfahrers, dachte sich Aurea in kindlicher Naivität. Kaum in São Paulo, fand der Vater tatsächlich Arbeit – und verschwand immer wieder. Seine schwangere Frau und die zwei kleinen Kinder kamen übergangsweise bei einem Verwandten seiner Mutter unter. In São Paulo regnete und nieselte es abwechselnd, ständig drang Wasser auch in die Wohnung und überschwemmte sie regelrecht. Sie flüchteten sich auf die Betten, und kalt war es obendrein. Sie froren ununterbrochen.

In São Paulo Fuß zu fassen, gelang ihnen nicht. Die Familie war größer geworden, und schließlich kehrten sie mit dem neugeborenen jüngsten Bruder nach Belo Horizonte zurück. Diesmal buchstäblich mit nichts als dem, was sie noch am Leib trugen. Erst recht hatten sie nichts, wo sie wohnen konnten, und auch nichts in Aussicht. Die Fahrerkabine und die Ladefläche des Lastwagens wurden ihr Zuhause. Doch der Vater musste zurück auf die Straße und ließ sie dann abermals sitzen, diesmal bei einer Cousine, bei der sie im Schuppen hinter dem Haus umsonst unterkamen. Die Cousine ging morgens früh aus dem Haus zur Arbeit, schloss ab und ließ ihren Gästen auch nichts zu Essen da. Sie hungerten, und Dona Janete konnte nicht arbeiten, denn die Kinder waren noch klein, das Neugeborene winzig. Im Garten hinter dem Haus stand ein Avocadobaum, und der rettete sie vor dem Verhungern. Sie aßen den ganzen Tag über nur Avocado. Bis heute wundert sich Aurea, dass sie Avocado noch immer gern isst.

Ab und zu kam der Vater, lieferte einen Tageslohn bei der Mutter ab, die mit den paar Groschen wahrhaftige Wunder vollbrachte, aus fast nichts etwas zauberte, aus Stein Milch gewann, wie es im brasilianischen Volksmund heißt. Doch auch die Gefälligkeit der Cousine währte nicht ewig. „Ihr habt zwei Monate, dann müsst ihr raus …"

Irgendwann kam der Vater mit der guten Nachricht: Sie würden im Lagerhaus eines Auftraggebers wohnen dürfen, für den er Bier in den Süden Brasiliens fuhr. Die Lagerhalle war riesig, hundert Meter breit, hauptsächlich lagerte Leergut darin. Aurea, ihre noch winzigen Brüder und ihre Mutter richteten sich mit ihren Habseligkeiten ein Eckchen ein, versuchten, es sich in der unwirtlichen Umgebung einigermaßen wohnlich zu machen und sich irgendwie gegen die

Ratten zu schützen, die in Scharen aus den Gullys am Boden kamen und fast so groß waren wie das Baby. Die Mutter, verzweifelt, ließ das Baby die ganze Zeit über in seinem Kinderwagen aus Angst, dass es sonst von den Ratten gefressen würde, und schlief kaum, aus Furcht vor dem Getier aus der Kanalisation. Nachts ließ der Hausmeister draußen die Hunde los, um das Gelände zu schützen, und Aurea und ihre Familie waren im Lagerhaus eingesperrt, schutzlos allein mit den Ratten. Raimundo war weiterhin unterwegs, brachte ab und zu etwas Geld vorbei, damit war sein Part erledigt. Für ihn war es bequem. Die Familie in Minas Gerais musste sehen, wie sie klarkam.

Nach einiger Zeit kam ein alter Bekannter der Mutter, ein gewisser Dr. Alípio, zufällig am Lagerhaus vorbei und erkannte sie, fragte erstaunt, was sie dort machte. Sie erzählte ihm alles, und er bot an, ihr zu helfen. Dort, wo er wohnte, in einem neu erschlossenen Baugebiet, wo die Straßen noch unbefestigt waren, sei noch ein kleines Grundstück frei. „Ich komme am Samstag, wenn ich frei habe, und hole Sie ab. Dann reden wir mit dem Verkäufer. Ich kenne ihn, und Sie können vielleicht in erträglichen Raten zahlen", erklärte er. Sie gab sich dem Luxus zu träumen hin. Aber wie sollte sie etwas zur Seite legen, um dieses Baugrundstück kaufen zu können, wenn doch das wenige Geld, das sie hatten, gerade einmal zum Essen reichte? Die Frau des Hausmeisters der Lagerhalle, eine sehr freundliche Frau, brachte ihnen, als sie von der Geschichte erfuhr, jeden Tag in einem Henkelmann eine warme Mahlzeit, die sie sich teilten. Voller Hoffnung legte die Mutter nun Geld für das Grundstück zur Seite. Aurea kam angesichts der Probleme auf die Idee, Jesus, ihren geliebten Onkel, heimlich um Hilfe zu bitten. Während sie unter all den Entbehrungen litten, war er zum Studieren in Frankreich und Dona Janete hatte ihn nicht noch mit ihren Sorgen belasten wollen; er sollte sich auf sein Fortkommen konzentrieren, hatte der Treuhänder, den er für seine amtlichen Belange in Brasilien ernannt hatte, kategorisch erklärt. Noch als sie in der Baracke gewohnt hatten, hatte er sie trotz der offensichtlichen Probleme gewarnt: „Dona Janete, lassen Sie Jesus damit in Ruhe, er hat genug mit sich selbst zu tun. Kümmern Sie sich um Ihr Leben und er sich um seins."

Aber als Aurea nun selbst schreiben konnte und sah, wie die Dinge standen, schrieb sie einen Brief an den Onkel und bat ihn um Hilfe. Als der Onkel erfuhr, was sein Bevollmächtigter gesagt hatte, warf er ihn raus. Er war entsetzt über so viel Kälte und erklärte: „Sie sind Blut von meinem Blut, ich lasse sie nicht im Stich. Wer es einigermaßen anständig meint, weiß, dass Familie auch eine Verpflichtung bedeutet", und schickte sofort Geld, um beim Kauf des Baugrundstücks zu helfen.

Auf wundersame Weise gelang es Janete, etwas Startkapital zusammenzubekommen, teils aus eigener Kraft, teils aus dem, was der Bruder beisteuerte. Jedenfalls ohne das Wissen des Ehemanns. Dann war sie Alleineigentümerin eines Baugrundstücks, mit Papieren und allem, und jetzt, wo das Grundstück da war, wurde auch jemand gefunden, der ihr beim Bauen half. Weiterhin kratzte sie jede Münze zusammen, für die Abzahlung des Grundstücks, für Baumaterial, für die Helfer. Trotz ihrer gesundheitlichen Probleme ging sie täglich mit ihren Kindern zur Baustelle, und diese staunten, wie ihre Mutter Stein für Stein, mit nur wenigen Helfern und von Aurea unterstützt, eigenhändig ihr Haus baute. Endlich ein richtiges Haus, errichtet mit Schweiß und mit Liebe. Nach einem Jahr in der Lagerhalle konnten sie endlich ins neue Zuhause umziehen.

Als ihr Vater vom Kauf der Parzelle erfuhr, sagte er bloß: „Ich möchte wissen, wovon du die Raten bezahlen willst. Ich jedenfalls habe damit nichts zu tun."

Damals ging Janete zum ersten Mal im Haushalt von anderen Leuten arbeiten, um das Haus abzubezahlen und ihre Kinder ernähren zu können. Raimundo dagegen freute sich nicht nur schamlos an dem neuen Zuhause, sondern führte sich auch gleich als der Hausherr dort auf, als sei alles seins.

Aureas Mutter war kreativ, hatte, auch wenn sie nie irgendeine Berührung mit Kunst gehabt hatte, eine Ader dafür. Wände allein genügten ihr nicht, sie stellte sich mehr vor, und so verwirklichte sie sich in den eigenen vier Wänden. Sie war Autodidaktin und nahm sich die Freiheit, Dinge auszuprobieren. Sie mochte kräftige Farben und schuf aus ganz wenigem viel. Zum Beispiel bemalte sie Kaffeesäcke aus Leinen mit Farbpulver, tauchte sie dann in kochendes Wasser mit unterschiedlichen Farbtönen, bis sie so aussahen, wie sie es wollte; eine Art Batik. Sie rahmte die Bilder und hängte sie im neuen Haus an die Wand. Sie schuf auch Dinge aus Samt: Pflanzen, Tiere, was immer ihr in den Sinn kam, klebte sie auf Leinwände, die sie dann sorgsam mit feinem Pinsel bemalte. Diese Bilder schmückten das Kinderzimmer. Wie schön, fand Aurea beim Anblick der Werke der Mutter. Und Dona Janete liebte Blumen, pflanzte Kamelien hinter dem Haus, vielleicht inspiriert von ihrem Bruder, der diese Pflanzen sehr mochte. Ihr Duft erinnerte sie an Aureas Geburt und daran, was für ein Geschenk sie gewesen war. Ein wahrer Segen für ihr geschundenes Herz.

Sie bemalte sogar die Kleider der Kinder mit kräftigen Farben, und in der Fastenzeit trug sie vierzig Tage lang ausschließlich violett, natürlich selbst gefärbt und in Erfüllung eines Gelübdes vor Sankt Judas Taddäus, damit damals Aurélio durchkam, der erste überlebende Sohn. Er hatte ihr Bitten erhört. Trotz aller Schwierigkeiten schuf sie sich ein Zuhause in fröhlichen Farben.

2   Weiche von mir, Wesenheit

Dona Janete war von einer löwenhaften Entschlossenheit; eine Eigenschaft, die Aurea von ihr geerbt hat. Ihr Mut, mit dem sie das Leben anging, war ihr größtes Vermögen, die Beharrlichkeit, selbst in den schlimmsten Momenten. Raimundo, ihr Mann, war gewissenlos, brachte Geliebte mit heim, und als ob das nicht genügte, tauchten manchmal sogar die Geliebten allein auf, um mit Dona Janete, die damals gesundheitlich schon sehr gezeichnet war, zu streiten. Sie litt unter Bluthochdruck, Diabetes, Herzproblemen und hätte selbst Pflege gebraucht. Doch noch unter diesen Umständen weigerte er sich, Medikamente zu bezahlen, die ihr die Ärztin verschrieben hatte, von der besonderen Ernährung, die sie empfahl, ganz zu schweigen. Aureas Vater war ein Barbar, und alle litten unter ihm.

Doch nichts von dem, was die Mutter erdulden musste, ließ sie aufgeben. Sie war überzeugt, eine Ehe sei etwas auf Ewigkeit und ihre Tochter sei ohne den Schutz ihres Vaters verletzlich. Sie allein würde sie nicht schützen können. Sie hatte schon einmal die Erfahrung gesellschaftlicher Ächtung gemacht, und spürte das wie ein Damoklesschwert ständig über ihrem und über dem Kopf ihrer Kinder. Sie sah die Gefahr und war überzeugt, Glück sei nie von großer Dauer. So ertrug sie das alles, nur um der Tochter ein ähnliches Schicksal ersparen zu können. Aurea dagegen flehte sie an, ihren Vater zu verlassen.

Dieses verbissene Festhalten an der Ehe war nicht einmal religiös motiviert. Aureas Mutter folgte dem Spiritisten Alain Kardec, war Anhängerin der Umbanda, auch Christin; von allem ein bisschen. Wenigstens ein Dutzend Religionen zählt ihre Tochter auf, die sie gelegentlich wechselte, um zu sehen, ob Gott nicht irgendwie behilflich sein könne. Aber mit der Zeit neigte sie zunehmend zur Umbanda. Sie war dort Medium. Sie und ihr Bewusstsein wurden von Wesenheiten besessen. Wenn ein Geist in sie fuhr, veränderte sie sich total, war dann die Verkörperung dieser Wesenheit.

An diese Wesenheiten erinnert sich Aurea voller Zuneigung. *Três Estrelas* zum Beispiel war trickreich, gewitzt, und ertappte den Vater stets in flagranti. Einmal war Raimundo am Straßenrand mit einer Frau zugange, und *Três Estrelas* berichtete live, was da los war. Pass auf: Seu Raimundo ist mit einer Frau unterwegs und er hat dies und das an und so weiter. Aurea hörte zu und erzählte es ihrer Mutter, als sie wieder zu sich kam. Dona Janete lauerte, stellte den Vater zur Rede, als er nach Hause kam, stritt er alles ab. Da fuhr der Geist noch einmal in sie und erklärte: „Ich habe ihr alles erzählt, du Idiot!" Der Vater schimpfte voller Wut: „Dieser Geist verfolgt mich, sag ihm, er soll mich in Ruhe lassen!" Aber der Geist gehorchte ihm nicht und überwachte ihn weiter und war Überbringer von schlechten Nachrichten. Es war nicht das erste und auch nicht das letzte Mal, dass *Três Estrelas* den

Vater mit anderen Frauen ertappte. Raimundo ließ nichts aus, schleppte irgendwann sogar, während Janete im Krankenhaus war, eine Freundin der Familie ins Ehebett. Três Estrelas war ein freundlicher Geist, aber es gab auch einen wütenden, der sich Luzifer nannte. Wenn er in sie einfuhr, dann voller Elan und so, dass sich sogar die Gardine im Zimmer bewegte.

Von klein auf hatte Aurea von Janete gezeigt bekommen, wie man mit Geistern umgeht. Mit sieben half sie der Mutter schon bei den Sessionen und erfuhr schnell alle Geheimnisse der Religion. Schon bald spielten nicht nur die Wesenheiten mit ihr, auch Aurea erlaubte sich manches mit ihnen. Sie war der *Cambono* ihrer Mutter. Ein Cambono ist laut dem Wörterbuch des Umbanda Gehilfe des Orixá und assistiert dem Medium während der Trance. Der Cambono lenkt die Geister über unterschiedlich gestaltete Ketten, die *Guias*.

Ihre Mutter wirkte mit Wesenheiten unterschiedlicher Linien. Die Linien stehen im Umbanda für unterschiedliche Typen von Geistern – *Caboclos*, *Pretos-Velhos*, *Exus*, *Boiadeiros*, *Mineiros*, *Marinheiros*, *Baianos*, *Orientais*, Kinder, Meister und *Ciganos* – die in das Medium einfahren, um ihr Werk zu vollbringen und Gutes zu tun. Jede dieser Linien hat ihre eigene Farbe und Art der „Guia". Aurea beherrschte sie alle. Für einen *Caboclo*, das wusste sie, musste die grüne Linie geworfen werden, die Farbe des Waldes, beim Preto-Velho eine schwarz-weiße. Die Wesenheiten stellten sich meist schon mit Namen vor, und dann wusste sie welche Kette in welcher Farbe sie nehmen musste. Oft erkannte sie schon daran, wie sich die Mutter bewegte, um was es ging, und wählte die richtige Farbe.

Die *Guia* ist eine heilige Kette aus Pflanzensamen, Holz, Knochen, Glasperlen, Porzellankugeln, Steinen, Kristall oder Plastik. Meist kaufte die Mutter bereits fertige, gesegnete Guias, stellte aber auch selbst welche her und nahmen sie mit zur Kultstätte, um sie segnen zu lassen.

Wenn sich eine Wesenheit ihrer Mutter bemächtigte, legte Aurea ihr die entsprechende Kette um. Dann benahm sich der Geist, die Mutter verrichtete ihre Arbeit, und er wartete auf höhere Anweisung, um wieder aufzusteigen. Für die Anhänger dieser Religion ist weiter oben stets noch ein höherer Geist, der schon nicht mehr zur Erde kommt, aber weiterhin hilft und Gutes tut, um sich spirituell noch weiterzuentwickeln. Dieser Geist gibt den inkorporierten Geistern Anweisung.

Manchmal verkörperte Dona Janete auch den Geist des verstorbenen Doktor Bezerra de Menezes, zu Lebzeiten als Arzt der Armen bekannt. Er war ein großer Anhänger und Theoretiker des Kardec'schen Spiritismus gewesen und hat einiges auf diesem Gebiet veröffentlicht. Nach seinem Tod manifestierte er sich in unterschiedlichen Medien, die für die Verbindung der spirituellen und der materiellen Welt stehen. In der Ausübung dieser Arbeit empfangen sie Wesenheiten, um Menschen zu helfen. Wenn jemand mit einer Krankheit zu ihr nach Hause kam, zog sich die Mutter in Weiß an wie eine Ärztin, und inkarnierte Bezerra, diagnostizierte und gab Heilungsempfehlungen.

Sie machte auch spirituelle Reinigungen, Waschungen, sprach Gebete, um die negativen Energien ihrer Klienten zu fassen und eine Verbesserung deren kosmischer Energiefelder zu bewirken. Sie war schon ein höherer Geist, half vielen Menschen, nur sich selbst nie. Altruismus war Teil der Berufung. Beharrlichkeit und Großherzigkeit waren ihre wichtigsten Wesenszüge. Eigenschaften, die auch ihre Tochter geprägt haben. Aurea wollte immer ihrer Mutter helfen, sie vor den Tiefschlägen des Lebens bewahren. Neben ihrer Funktion als Cambono übernahm sie, wo immer sie konnte, Aufgaben im Haushalt, kümmerte sich um die Geschwister, auch als sie noch selbst Aufsicht gebraucht hätte. Als kleines Kind schon maß sie sich an ihrer Mutter. Sie lernte, dass trotz aller Widrigkeiten Aufgeben keine Option war und die entscheidende Eigenschaft in dieser Schlacht Leichtigkeit war.

Von klein an hörte sie ihre Mutter vor sich hin singen: Umbanda ist Frieden und Liebe / Eine Welt voller Helligkeit, Licht / Ist die Kraft, die uns spendet das Leben / Und die Größe, die uns Richtung verspricht. Aurea gefiel die Einfachheit dieser Verse, die sie ständig begleiten, in ihrem Ohr sind sie wie ein Mantra für immer.

3 Hilfe, Onkel Jesus, ich bin Schwarz

Aureas Mutter war *Tochter* der afrikanischen Gottheit Oxum, eine schöne Frau und hatte Spaß daran, sich zu schmücken, soweit es ihr möglich war. In ihrer unreflektierten Einfachheit versuchte sie auch ihre Tochter in ein ästhetisches Muster zu zwängen, das nicht ihres war und das sie nicht repräsentierte. Es gab damals um sie herum schlicht keine Beispiele *Schwarzen Bewusstseins*; das Muster war das der gesellschaftlichen Vorgabe des *branqueamento*, in dem möglichst *weiß* als erstrebenswert galt. Als sie Kind war, versuchte ihre Mutter, ihr das Haar glatt zu ziehen mit einem erhitzten Eisenkamm, aber Aurea mochte das nie. Als sie alt genug war, um über sich selbst zu entscheiden, hörte sie auf damit.

Trotz der vielen Umzüge und aller Geldprobleme am Anfang ihrer Schullaufbahn war Aurea immer eine gute Schülerin gewesen. In São Paulo konnte sie dann nicht mehr die Schule besuchen. Sie erzählt, dass ihr damals *Veludo* geholfen habe, ein Geist, den ihre Mutter jeden Morgen um 6 Uhr früh inkorporierte, um sie zu unterrichten. Er unterrichtete alle Fächer, vor allem aber Mathematik, was Aurea nicht so leicht von der Hand ging. Er war ein geduldiger Geist und konnte sie mit seinen Ratschlägen beruhigen. Er hatte Vertrauen in Aurea und ließ sie immer sein Credo wissen: „Keine Sorge, Aurea, ich bin hier, um dich zu beschützen. Sobald du wieder zur Schule gehst, wirst du die verlorene Zeit schnell aufholen."

Als sie wieder in Belo Horizonte waren und im eigenen Haus wohnten, wurde sie an einer Privatschule angemeldet. Sie ging dort gern hin, war integriert, hatte Freunde, war kommunikativ. Die Lehrerin war sehr aufmerksam, und Aurea eine vorbildliche Schülerin. Sie übersprang sogar eine Klasse.

In der vierten Klasse wurde monatelang die Quadrille für das traditionelle Johannisfest eingeübt. Als der große Tag endlich da war, machte sie sich fein. Stolz trug sie ein gerafftes Rüschenkleid, eigens für diesen Tag von ihrer Mutter genäht, aus bunt mit Tieren bedrucktem Stoff, schulterfrei und mit spitzengesäumten Puffärmeln. Aufgeregt stiegen sie in den Bus, redeten die ganze Fahrt über. Die Fahrt kam ihr an diesem Tag doppelt so lang vor wie sonst, die Zeit verging einfach nicht. Aurea konnte es gar nicht erwarten, vor ihrer Mutter den Tanz aufzuführen und ihren Mitschülerinnen das neue Kleid zu präsentieren.

In der Schule angekommen, aufgeregt und gespannt darauf, endlich zu tanzen, sucht sie ihren Tanzpartner, aber vergeblich. Sie traf nur die Lehrerin, die ihr lakonisch erklärte, sie sei ersetzt worden, ein anderes Mädchen würde an ihrer Stelle tanzen.

Die Mitteilung traf sie wie ein Telegramm mit einer Todesnachricht: Du bist aussortiert worden. Finde dich damit ab. Traurig und mit hängendem Kopf hatten sie und ihre Mutter natürlich keine Freude mehr an dem Fest und beschlossen nach kurzer Zeit ebenfalls zu gehen. Beim Gehen stießen sie auf eine Bedienstete der Schule, und die sagte: „Sie haben dich rausgenommen, weil du schwarz bist."

Aber was wusste sie schon von Rassismus und von dem rassistischen System ringsum. Was die Frau sagte, konnte doch gar nicht sein. Bis dahin hatte sie sich nie anders oder anders behandelt gefühlt. Bis dahin war Aurea nicht einmal bewusst gewesen, dass ihre Hautfarbe etwas mit Ungleichheit zu tun haben könne.

Auf dieser Feier der Weißen wurde ihr mit 10 Jahren zum ersten Mal klar, dass sie Schwarz ist. Solange sie mit niemandem konkurrierte, niemandes Platz beanspruchte, nicht in der Gesellschaft zu sehen war, hatte man sie in der Schule akzeptiert. Beim ersten Kontakt mit der Außenwelt kamen die Mechanismen der Auslöschung zum Vorschein; sie durfte also nicht mehr mitspielen – hatte sie es womöglich noch nie gedurft? Indem sie aus der Öffentlichkeit herausgehalten wurde, perpetuierte die Schule ihre Unsichtbarkeit und das Unterdrückersystem. Sie hatte sich wohl getäuscht, wenn sie sich einbildete, sie hätte dieselben Rechte wie ihre Mitschülerinnen. Von da an würde nichts mehr sein wie vorher.

Ihre Mutter war aufgebracht und bat ihren Bruder Jesus um Hilfe. Er war ein Mann auf der Höhe seiner Zeit, in der Schwarzen Bewegung aktiv und im Leben der kleinen Aurea eine wichtige Persönlichkeit.

Als er von der Sache erfuhr, ging er direkt in die Schule und verlangte eine Erklärung. Am Revers seiner Jacke trug er eine Kamelie, das geheime Erkennungszeichen der Abolitionisten im 19. Jahrhundert; er liebte Symbole. Er verlangte, es solle sofort noch ein Fest ausgerichtet werden, bei dem Aurea vor Publikum auftreten würde. Niemand weiß wie, aber er schaffte es. Das Fest wurde wiederholt. Mit der Rückenstärkung ihrer Mutter und ihres Onkels tanzte sie froh und in ihrem schönen neuen Kleid die Quadrille. Ihre Mutter und ihr Onkel hatten ihren Seelenfrieden, als sie Aureas Traum erfüllt sahen; eine kleine Entschädigung immerhin für das erlittene Unrecht. Für Aurea hingegen war diese erste Erfahrung einschneidend und veränderte ihre Haltung gegenüber der Welt für immer. Abends in ihrem Bett, nach dem kleinen Sieg, spürte sie eine gewisse Erleichterung, vor allem aber noch immer ein unbestimmtes Gefühl der Empörung. Nunmehr initiiert war sie von da an stets auf der Hut, eine Alarmbereitschaft, die sie ihr Leben lang in allen Bereichen ihrer Existenz beibehalten sollte, irgendwo in einer finstern Ecke der Seele. Eine Art Schutzschild. Das erste Mal vergisst man nie, sagt sie ironisch; und auch alle anderen Male nicht, fügt sie bitter hinzu. Leider füllte sich dieser Bereich ihres Lebens zunehmend mit allen möglichen Tiefschlägen, verdichtete sich zu einem Sumpfland des Leidens, einer Mangrove, in der wiederum Hartnäckigkeit und Bewusstsein gedeihen.

Ein paar Wochen später ging sie mit der Mutter das Neugeborene einer Nachbarin sehen. Während die Erwachsenen im Wohnzimmer saßen, war Aurea mit einer Tochter des Hauses in ihrem Zimmer, und sie spielten mit Puppen. Der ältere Bruder, auch noch klein, kam ins Zimmer mit einer Pistole im Anschlag und zielte auf Aurea: „Ich knall dich ab, du schwarzes Ding, ich mag deine Rasse nicht." Die Schwester schrie auf, der Vater kam und war fassungslos bei dem Anblick. Er schlug dem Jungen die Waffe aus der Hand, sie flog in hohem Bogen davon, der zweite Schlag traf ihn auf die linke Wange, der Handabdruck war noch lange zu sehen. Von mir aus für immer, dachte sich Aurea in dem Moment, damit er lernt, keinen Mist mehr zu machen. Ein paar Minuten lang waren alle wie versteinert, aber als wieder Farbe in alle Gesichter zurückkehrte, nutzte Aurea die erste Gelegenheit, um zu verschwinden. Sie war heil geblieben, war aber trotzdem getroffen. Unterbewusst stärkte es ihre Abwehr. Sie war nun jeden Augenblick auf alles gefasst, würde ihren Schutz nie mehr ablegen und wusste, der Feind lauerte überall, und sei es nebenan.

Onkel Jesus war dort, von wo sie gekommen waren, im Landesinneren, ein geachteter Mann, denn er hatte einiges erreicht. Der ganze Stolz der verzweigten Familie. Nach dem frühen Tod seiner Eltern hatte er für sich und für seine Familie gekämpft. Schon seit der Kindheit hatte er sich für Naturwissenschaften interessiert, ein Lehrer hatte sein

Potenzial erkannt, ihn gefördert und ihm den Weg geebnet. Er hatte Physik studiert und mit Bravour absolviert, dann ein Stipendium für ein Master- und Promotionsstudium als Atomphysiker in Frankreich bekommen. „In Frankreich!", sagte Aureas Mutter voller Bewunderung für ihren Bruder. Zurück in Belo Horizonte hatte er einen Lehrstuhl an der Universität von Minas Gerais angenommen und eine bewundernswerte Karriere gemacht. Sein Wissen, seine Intelligenz und Neugier waren seine größten Verbündeten. Er war eine gute und gerechte Seele. Er mochte seine jüngste Schwester, Aureas Mutter, und half ihr, wo er nur konnte. Die Verbindung der beiden hielt ein Leben lang. Auch als er längst sehr erfolgreich war, blieb er der fürsorgliche Onkel.

Als er zurückkam aus Frankreich, kam er sie schon am selben Tag im neuen Haus besuchen. Für die kleine Aurea hatte er ein Wörterbuch und den Roman *Sagarana* als Geschenk mitgebracht. Das erste Buch des Schriftstellers Guimarães Rosa behandelte Universelles, aber regional sehr verwurzelt, es porträtierte die Leute von Minas Gerais, unsere Leute, wie Aurea erstaunt feststellte, ganz beeindruckt davon, sich darin wiederzufinden. Zum ersten Mal zeigte ein Buch ihr eine andere mögliche Welt. Es hat ihr Leben geprägt und sie nahm es wie einen Talisman überall hin mit. Sobald es ihr gelingen würde, es zu entziffern, würde sie eine andere Welt betreten, eine bessere Welt, dachte damals in ihrer Kindlichkeit. Sie las es zunächst nur in homöopathischen Dosen. Woher sollte sie auch die Zeit dafür nehmen bei so vielen Aufgaben? Seit das Haus fertig war, ging die Mutter wieder auswärts arbeiten, und Aurea musste sich um alles im Haushalt kümmern.

Die Hektik im Alltag nahm ihr gewissermaßen die Kindheit. Sie lernte früh kochen, hatte Talent, und bald schuf sie die köstlichsten Gerichte. In strenger Routine ging sie früh aus dem Haus, brachte die Kleinen zum Kindergarten, ging dann selbst in die Schule und machte anschließend das Mittagessen für alle drei, hütete nachmittags die Geschwister, kümmerte sich um den Haushalt und musste noch ab und zu ihrer Mutter bei ihrer Arbeit in fremden Haushalten zur Hand gehen. Gesundheitlich angeschlagen konnte die Mutter irgendwann keine körperlich schwere Arbeit mehr machen. Dann nahm sie Aurea mit, um ihr zu helfen, und die Kinder im Schlepptau.

Sie stand früh schon im Leben, wurde zu früh erwachsen. Der Vater, im Alltag meist abwesend, war ihr keine Stütze, und wenn er mal da war, war alles nur schlimmer. Eines Abends, nachdem sie die Geschwister ins Bett gebracht hatte, stand Aurea noch in der Küche und schleckte einen Rest Trockenmilchbrei, den sie für das Fläschchen des Jüngsten angerührt hatte, aus dem Topf. Der Vater war unbemerkt eingetreten und schlug ihr den Topf ins Gesicht. Ein bellender Schmerz, körperlich und in der Seele. Ihr blieb die Stimme weg, aber ihre Tränen sprachen für sich. „Das ist eklig, den Topf auszulecken, ich hoffe, du lernst was daraus", sagte der Vater. Der Schlag war so hart gewesen, dass ihr Nasenbein gebrochen war, es blutete schrecklich. Der Vater half nicht und zeigte auch keinerlei Mitleid. Sie verzog sich erschüttert in ihr Bett, das T-Shirt blutverschmiert, sie hatte nicht einmal daran gedacht, es auszuziehen. Später war es die Mutter, die sie tröstete, als sie von der Arbeit kam. Als sie die geschwollene, blau angelaufene Nase und das getrocknete Blut überall sah, handelte sie sofort.

„Aurea, zieh dich um, wir gehen ins Krankenhaus." Sie fuhren im Bus durch die Nacht, denn der Vater weigerte sich, sie im Auto zu fahren. Bis heute trägt sie die Spuren der Gewalt im Gesicht.

So übernahm Aurea freiwillig auch alle Vaterpflichten, mit ihrer Mutter als Vorbild. Sie machte alles, erledigte leichte Arbeit ebenso wie schwere. Je größer die Kinder wurden, desto mehr Platz brauchten sie. Als der Mutter dies klar wurde, beschloss sie, das Haus zu vergrößern. Onkel Waldemar, ein Bruder des Vaters und von Beruf Baumeister, bot sich an, ihr dabei zu helfen. Mit der Hilfe von Aurea, damals ein Teenager, bauten sie noch drei Zimmer an. Der Vater, wenn er denn da war, rührte keinen Finger. Wenn überhaupt fuhr er nach langem Bitten mit Aurea in seinem Lastwagen Sand holen. Den Sand in den Lastwagen zu schippen und zu Hause wieder abladen, musste Aurea allein besorgen, auch Bausteine und andere schwere Baustoffe.

Raimundo war jähzornig. Wenn er zu Hause war, bewegte sich die Familie wie auf Eiern. Alles konnte Anlass für ihn sein, aus der Haut zu fahren, sie mussten ständig unheimlich vorsichtig sein. Am meisten demütigte er die Mutter, das bevorzugte Ziel seiner Ausbrüche. Dona Janete weinte ohnmächtig, und wenn er da war, regelmäßig, was den Kindern das Herz brechen ließ. Wenn es aber darum ging, den eigenen Nachwuchs in Schutz zu nehmen, zeigte sie keine Angst und bezog Stellung. Sie hatte keinerlei Schulbildung, aber eine instinktive Intelligenz, die sie im Alltag zum Ausdruck brachte. Wenn Raimundo seinen Frust an den Kindern ablassen wollte, nahm sie die Ungerechtigkeit wahr und erklärte: „Du bist ein wahrhaftiger Hitler"; auch wenn sie nicht genau wusste, wer das eigentlich gewesen war, sah sie in dem Namen ein passendes Adjektiv für einen Tyrannen.

War sie allein mit den Kindern, war Aureas Mutter wie ausgewechselt. Es gab keine Zurückhaltung, dafür jede Menge Heiterkeit. Und sie sang viel.

Wer singt, vertreibt Kummer und Sorgen, lehrte sie ihre Kinder. Sie war eine zärtliche und engagierte Mutter, sie hatte Freude am Leben, nur ihr Ehemann bremste ihre Spontanität und beschnitt ihre Persönlichkeit. Er ging nie mit ihr aus, zeigte keinerlei Zuneigung, wenn er überhaupt eine empfand. Dona Janete litt an dieser Gleichgültigkeit und daran, nicht mehr als Frau wahrgenommen zu werden. Sogar die Kinder baten ihn manchmal, sich mehr um sie zu kümmern.

„Vater, bitte, unternimm doch etwas mit Mutter, sie arbeitet so viel, sie muss auch mal auf andere Gedanken kommen."

„Ich habe keine Zeit, um sie mit ihr zu verplempern. Wer bezahlt mich dafür?"

Tatsächlich bestachen die Kinder ihren Vater manchmal, damit er freundlich zu ihrer Mutter war.

4 Als das Leben sie leblos zurückließ

Die Einladung einer Lehrerin in der siebten Klasse, als sie 13 Jahre alt war, eröffnete ihr eine neue Gelegenheit. „Möchtest du nachmittags nach der Schule auf meine Kinder aufpassen?" Der Job war gut bezahlt, sie nahm sofort an. Nun hatte sie eine eigene Arbeit als Kindermädchen und konnte endlich ihre Mutter mit Geld unterstützen.

Jeden Tag kümmerte sie sich von da an ab 3 Uhr nachmittags um die Kinder der Lehrerin. Am Abend ging sie nach Hause, um ihre Geschwister zu hüten und zu bekochen. Die Mutter arbeitete zu der Zeit fest im Haushalt von Dona Ana. Es gab keine feste Arbeitszeit, oft kam sie erst spät nachts zurück. Freizeit hatte sie kaum, auch nicht am Wochenende und hielt sich immer bereit, falls sie gebraucht wurde. Dona Ana behandelte sie wie einen Gegenstand, der zur Verfügung steht, wenn und wann immer man ihn benötigt, ohne jeden Respekt, wie die junge Aurea feststellen musste, wenn sie ihre Mutter hin und wieder zur Arbeit begleitete, um ihr bei schweren Tätigkeiten zu helfen.

„Die Frau war böse, behandelte uns als Untergebene, war herablassend, und nichts von dem, was wir machten, war ihr gut genug."

Am Ende verbot sie ihnen gar, tagsüber zu essen. Manchmal gab sie ihnen ein Stück Huhn mit. Die Mutter ließ sich das alles gefallen, ertrug die Geringschätzung; ihr waren die Hände gebunden, sie brauchte die Arbeit.

Irgendwann, das vergisst Aurea nie, brach die Mutter beim Fensterputzen zusammen. Sie stürzte nach innen, ins Zimmer, zum Glück. Dona Ana rief Aurea zu Hilfe.

„Schaff sie hier weg, schnell!", befahl sie eiskalt. Sie wollte sich das Problem so rasch wie möglich vom Hals schaffen; medizinische Hilfe – von wegen; am Ende wären noch Kosten entstanden. Im ganzen Durcheinander ging auch noch Aureas Sandale kaputt. Um nicht barfuß auf der Straße gehen zu müssen, schlüpfte sie in die Plastiklatschen, die ihre Mutter sonst bei der Arbeit trug, und als die Mutter wieder etwas zu sich gekommen war, machten sie sich auf den Heimweg. Sie musste ihre Mutter den ganzen Weg über stützen. Am nächsten Tag, als sie mit den Plastiksandalen in der Hand wieder zur Arbeit erschien, brüllte Dona Ana sie an:

„Wer hat dir erlaubt, diese *havaianas* hier mitzunehmen, ohne zu fragen?"

Schlechte Behandlung aller Art war an der Tagesordnung.

Der einzige Lichtblick in diesem Haushalt war Luísa, die Tochter von Dona Ana, eine junge Frau, die sich der Situation um sie herum bewusst war, sich menschlich verhielt und sich tatsächlich auch karitativ engagierte. Sie mochte Aurea und ihr gefiel, wie sie ihrer kranken Mutter zur Hand ging und wie versunken sie manchmal zwischen einer Arbeit und der nächsten innehielt, wenn ihre Schwester Klavier spielte. Ihr fiel auf, wie sich Aurea bemühte, und sie solidarisierte sich.

„Aurea, ich bringe dir Englisch bei. Irgendwann wirst du es brauchen."

Eine Prophezeiung, die sich erfüllen sollte.

Ihre Mutter nähte weiterhin auch in Heimarbeit; es waren harte Zeiten und viele Münder waren satt zu bekommen, es waren Raten zu zahlen; Geld wurde immer gebraucht. Ihre Gesundheit verschlechterte sich zusehends, und sie musste oft ins Krankenhaus. Die Gefahr, dadurch ihre Arbeit zu verlieren, verfolgte sie permanent. Sie wusste, wie wichtig Aureas Unterstützung war.

Über Monate gab sich Aura jede erdenkliche Mühe bei ihrer Arbeit als Kindermädchen, sie wollte die Arbeit behalten und war stolz auf sich. Irgendwann klingelte es. Es war ihr Vater. Sie erschrak.

„Es ist nichts, Aurea, ich will nur mit deiner Lehrerin sprechen. Guten Abend, mein Name ist Raimundo, ich bin Aureas Vater. Bitte nehmen Sie es mir nicht übel, aber meine Tochter kann hier nicht mehr arbeiten. Sie ist verrückt, nicht ganz richtig im Kopf, man kann ihr nicht vertrauen."

Völlig verwirrt und in Tränen folgte sie ihrem Vater nach Hause.

„Warum hat er das getan? Wieso hat er mich so behandelt?", fragte sie sich immer wieder. „Meine

Mutter braucht mich so sehr, meine Hilfe, und mein Vater trug nichts dazu bei und ließ mich dann auch noch meine Arbeit verlieren."

Der Vater mit seiner sadistischen Ader hatte sich anscheinend in seiner Männlichkeit verletzt gefühlt dadurch, dass auch seine Tochter arbeiten ging. Er fürchtete, dass man ihn für unfähig betrachtete, die Familie zu ernähren. Was ja auch der Fall war. Doch die Wahrheit spielte keine Rolle. Es ging um den Anschein. Um selbst gut dazustehen, war er zu allem imstande, sogar zu Unmenschlichkeit gegenüber der eigenen Tochter.

Aurea war verzweifelt. Dass der Vater ihr die Arbeit genommen hatte, verletzte sie tief. Eine Beklemmung nahm ihr geradezu die Luft zum Atmen. Wie ein posttraumatischer Schock. Nach Tagen in endloser Lethargie schaffte man sie schließlich ins Krankenhaus, wo ihr eine schwere Depression attestiert wurde. Man verschrieb ihr Elektroschocks. Doch ein junger Arzt widersetzte sich dem und ließ es nicht zu. Stattdessen behandelte er sie mit anderen Therapien und Medikamenten. Unter anderem mit *Gardenal*, einem damals üblichen, stark sedierenden Beruhigungsmittel.

Aurea erinnert sich an dieser Zeit als eine Phase der Lähmung, als sei alles Leben aus ihr gewichen. Sie fühlte sich isoliert, als trennte ein Schleier sie von allem anderen Lebenden. Die Welt um sie herum kam ihr stumpf vor, als hätte jemand allen Dingen den Glanz genommen. Stimmen und Töne um sie herum erreichten sie nicht in voller Lautstärke, kamen gedämpft bei ihr an oder verschwommen. In ihrem Kopf überschlug sich alles, Überlegungen ohne Logik, bleischwere Gedanken ohne Zusammenhang, dann wieder solche, die obsessiv wieder und wieder nur um sich selbst kreisten. Ein Gefühl der Kälte, entsetzlicher Kälte, fror ihre Gefühle ein, lähmte ihre Reaktionen. Wenn sie im Bett lag, unter mehreren Decken, zitterte sie. Ein Zittern, das von der Seele kam und es ihr unmöglich machte, am Leben um sie herum teilzunehmen. Sie war in sich selbst gefangen, ohne Verbindung zur übrigen Welt. So fühlte sie sich, wenn sie überhaupt etwas fühlte. Manchmal klarten ihre Gedanken für einen Bruchteil einer Minute auf, aber das waren nur kurze, plötzliche Momente. Unmöglich vorherzusehen, wann, und manchmal erwachte sie aggressiv, sehr zum Leidwesen ihrer Geschwister.

Die Mutter kümmerte sich um sie, litt mit ihrer Tochter, wusste aber nicht, was sie tun sollte, um sie zurückzugewinnen. Sie brachte ihr Essen ans Bett, Aurea dankte, aber kaum war die Mutter gegangen, versteckte sie das Essen unter dem Bett. Wenn die Mutter wiederkam, um den leeren Teller zu holen, war sie ein wenig beruhigter. Wenigstens würde das Kind nicht verhungern. Und das Essen sammelte sich unter dem Bett, begann zu stinken. Dann kamen die Würmer, die auch über sie krochen, wie die kleine Aurea teilnahmslos feststellte. Die Mutter roch den Verwesungsgeruch, zog das Bett ab. Da entdeckten die Eltern die

Maden. An dem Tag war die Mutter verzweifelt, und dem Vater wurde für einen Augenblick klar, was er angerichtet hatte; es tat ihm aufrichtig leid. Es war das einzige Mal, dass Aurea ihn weinen sah, aus Entsetzen über seine eigene Bosheit.

Nach fünf Monaten Behandlung, weit weg von der Welt, plötzlich ein Lichtblick. Irgendwann, in der Sonne auf einem Mäuerchen neben dem Haus sitzend dachte sie: „Ich muss da rauskommen, es geht so nicht weiter, meine Mutter geht daran noch zugrunde." Die Sorge um ihre Mutter war immer ihr wichtigster Beweggrund. Es war der Anfang ihrer Rückkehr ins Leben. Die Therapiegespräche halfen ihr sehr, und als der Arzt merkte, dass Aurea reagierte, setzte er das Medikament nach und nach ab. Er war ein sehr guter Arzt und stützte sie in dieser Zeit. Ohne ihn wäre sie da nie herausgekommen, stellte sie irgendwann dankbar fest. Der Arzt, so erzählt Aurea, hatte später selbst ein sehr trauriges Schicksal. Nachdem er so viele seelisch Erkrankte mit so viel Würde behandelt hatte, erkrankte er selbst an Demenz und wurde irgendwann in ein Altenheim für bedürftige Senioren abgeschoben.

5   Trotz allem eine Jugend

Ein junges Mädchen voller Leben und Ziele, so ließe sich Aurea in der Jugendzeit porträtieren. An Selbstbewusstsein fehlte es ihr nicht, und mit ihrer *black-power*-Frisur nach dem Vorbild der amerikanischen Jugend, wie sie sie aus Zeitschriften kannte, war sie auf der Höhe der Zeit.

Nach der Mittelstufe wollte sie unbedingt weiter zur Schule gehen, mehr vom Leben erfahren und von der Welt. Neugierig wie sie war, wollte sie über die Beschränkungen ihrer Existenz hinaus. Sie war eine ausgezeichnete Schülerin und träumte davon, zu studieren, wie Onkel Jesus. Doch wieder einmal raubte ihr der tyrannische Vater die Träume und alle Hoffnung.

Eine Frau braucht nicht zu studieren, sie soll sich um den Haushalt kümmern und im Haushalt arbeiten, beschloss der Vater in einem Wutausbruch.

Sie brach also mit 16 Jahren die Schule ab. Ihr Vater versuchte auf jede erdenkliche Weise, ihren Horizont zu beschränken, ihre Entwicklung im Keim zu ersticken, versuchte, sie am Ansatz zu beschneiden, sie am Aufblühen zu hindern, ihr Leben seinen Vorurteilen und seinem Willen zu unterwerfen. Vergeblich.

Für den älteren der beiden Brüder, Aurélio, tat ihr Vater alles, bezahlte die Schule, ermöglichte ihm all das, was Aurea auch gern gehabt hätte. Aber der Bruder machte sich wenig aus diesen Möglichkeiten; ihm war das meiste egal. Irgendwann ertappte der Vater ihn beim Schuleschwänzen. Er verprügelte ihn auf offener Straße, vor allen Leuten.

„Ich gehe nie mehr zur Schule", erklärte der Bruder daraufhin zum Leidwesen seines Vaters, der gern einen Akademiker zum Sohn gehabt hätte. Aurea, die das alles mitbekam, freute sich insgeheim über das Unglück des Vaters. Ein Gefühl, das sie bis dahin nie gekannt hatte ...

Der Vater schlug seine Kinder oft. Es brauchte nicht viel, und er streifte den Gürtel ab. Er schlug, aber Weinen ließ er nicht zu. „Halt die Klappe, schrei hier nicht herum", drohte der Vater. Aurea brüllte dann absichtlich lauter. Die Nachbarschaft dachte: Jetzt bringt er sie um. Je mehr er sie schlug, desto mehr brüllte sie. Der Vater war ein Sadist, er schlug wütend und kräftig zu, wollte wirklich verletzen. Seine Hände waren klein, aber stark. Wenn er Ohrfeigen verteilte oder die Kinder gar boxte, ging seine Hand fast durch sie hindurch. Aurea, die ihm nicht mehr widerspruchslos gehorchte, wurde umso mehr geschlagen.

Nach dem Essen wusch Aurea ab, es gab aber kein Spülbecken. Eine Schüssel zum Einweichen, eine andere zum Spülen. Der gewalttätige Vater schaute dem, wenn er zu Hause war, aufmerksam zu, lauerte auf einen Grund, dazwischenzugehen. Manchmal blieb ein Rest Essen auf einem Teller in der Spülschüssel kleben. Er kontrollierte das gerne gewissenhaft. Wenn da noch ein Reiskorn war, wurde er wütend.

Dann schleuderte er ihr alles ins Gesicht, oder er tauchte sie mit dem Kopf unter Wasser, ins Spülwasser. Die Angst, die Aurea bis heute vor Wasser hat, ist auch dem zu verdanken.

Einmal kam der Vater zurück von der Reise, und Aurea war auf der Straße mit ihren Geschwistern und Freunden und übte Fahrradfahren. Das gefiel ihm gar nicht, und er schlug sie wieder einmal vor den Augen der anderen; dann zerstörte er auch noch das Rad, das allen gehörte, damit niemand mehr damit fahren sollte. Die Demütigung vor aller Augen traumatisierte sie. Sie versuchte nie wieder, Fahrrad zu fahren.

Sie ertrug die Demütigungen und die Gewalt durch den Vater, trotzdem blieb sie aufrecht; niemand und nichts sollte sie je brechen, beschloss sie irgendwann stolz, aber mit traurigem Blick. Der Vater war nur der erste einer ganzen Reihe von übergriffigen Männern. Nur mit großer innerer Kraft ist es ihr gelungen, trotzdem ihre Würde zu wahren, ohne einzuknicken, sagt sie selbst.

In ihren Jugendjahren musste Aurea zahlreiche Avancen und Missbrauch durch einen Onkel ertragen, ein Bruder ihres Vaters, der behauptete, in sie verliebt zu sein. Er kam oft zu Besuch, hoffte, sie wäre allein da. Dann bedrängte er sie völlig schamlos.

„Ich bin verrückt nach dir, gib mir einen Kuss." Er umklammerte sie, versuchte, sie zu küssen, rieb seinen Körper an ihr. Er wollte sie ganz, sagte er. Aurea gelang es, sich dieser Übergriffe zu entziehen, so gut sie konnte, aber wie lange ihr das noch gelingen würde, wusste sie nicht. Sie musste sich jemandem anvertrauen. Die Wahl fiel auf ihren Cousin, den Sohn des übergriffigen Onkels, der ihr tatsächlich half und dafür sorgte, dass es nie mehr passierte. Er stellte den Vater vor allen bloß und drohte, zur Polizei zu gehen, falls er sich Aurea noch einmal nähern würde.

Mit 17 Jahren arbeitete sie bereits fest als Köchin im Haushalt von Dona Marlene, beschloss aber, gegen den Willen des Vaters, einen Beruf zu erlernen. Sie machte einen Abendkurs in Maniküre und Pediküre im Schönheitssalon von Dona Josefina. Diese Doppelbelastung nach einem langen Arbeitstag war durchaus eine Überlastung, aber die Ausbildung machte ihr Spaß und die Zeit verging schnell. In drei Monaten lernte sie, Fuß- und Fingernägel zu behandeln. Sie befreundete sich auch mit der Ausbilderin, die sie gern übernommen hätte. Aurea sagte aber erst einmal ab, wollte nicht noch eine Anstellung, ging lieber auf eigene Rechnung in ihrer Freizeit zwischen den Schichten direkt zu den Kundinnen. Es machte ihr Spaß, unterschiedliche Leute an unterschiedlichen Orten zu behandeln, in Bewegung zu bleiben. Aber die Tür zum Salon Josefina blieb für sie offen, falls sie es sich anders überlegen sollte.

Einige Jahre noch blieb sie im Haushalt von Dona Marlene, bis sie, damals mit 21 Jahren, volljährig war. Ihre Arbeitgeberin hatte eine eigene Kanzlei mit

Notariat, war wohlhabend, hatte mehrere Hausangestellte, einen Fahrer, einen Gärtner, ein Hausmädchen und Aurea als Köchin. Eine Feine Dame, wie man so sagte, und in der Stadt bekannt auch als Wohltäterin, moralisch untadelig und zudem Spiritistin, eine vorbildliche Anhängerin von Alain Kardec. Was niemand sich vorstellen konnte, war, dass all das nur Fassade war. Wohltätig war sie nach außen und nicht aus Mitgefühl, eine Empfindung, die ihr völlig fremd war. Sie verachtete und misshandelte ihre Angestellten und lebte zu Hause hemmungslos ihr wahres Wesen aus.

Sie behandelte ihre Angestellten völlig respektlos. Geregelte Arbeitszeiten gab es nicht, die Arbeitsbedingungen waren menschenunwürdig. Am Abend vor Weihnachten, als das Essen schon auf dem Tisch stand und Aurea noch letzte Hand anlegte, kam die *Senhora* in die Küche und verlangte noch eintausend Blätterteigröllchen mit Käsefüllung. Das hätte mindestens noch zwei Stunden Arbeit bedeutet.

„Aurea, mach alles fertig und komm später noch einmal, um sie zu frittieren." Sie bereitete alles vor. Sie wohnte am anderen Ende der Stadt, musste zwei Mal umsteigen. Auf dem Weg nach Hause überlegte sich Aurea, dass all das nicht richtig war. Und fuhr nicht mehr zur Arbeit, sondern verbrachte den übrigen Heiligen Abend mit ihrer Familie. Ihrer Chefin gefiel das überhaupt nicht und sie blieb ihr den restlichen Lohn schuldig. Das wiederum gefiel Aurea nicht, aber sie nahm es hin, widerwillig.

Die Hausherrin hinderte ihre Angestellten daran, in der Küche zu essen und stellte eigens einen Tisch direkt neben den Hundezwinger. Nur dort war es ihnen erlaubt, zu essen. Jeden Mittwoch gab es in ihrem Haus spiritistische Sitzungen, die gut besucht waren. Am letzten Mittwoch des Jahres regnete es sehr, und deswegen aßen die Hausangestellten doch in der Küche, nachdem sie den Gästen vor der Session noch das Abendessen serviert hatten. Als Dona Marlene kurz die Session verließ, um sich etwas aus der Küche bringen zu lassen, war sie außer sich, als sie die Szene sah. Es gab für sie keine Erklärung.

„Ihr seid nicht aus Zucker, ein bisschen Regen hat noch niemandem geschadet. Euer Essensplatz ist beim Hundezwinger, bei den Hunden." Aurea ließ die Beschimpfung still über sich ergehen, aber als die Hausherrin wieder bei ihren Gästen war, ging sie ihr nach. Im Salon konfrontierte sie sie vor allen Teilnehmern der spiritistischen Sitzung auf sehr elegante Art:

„Verzeihung, Dona Marlene. Ich wollte nur wissen, wie diese Religion funktioniert. Hier wird Nächstenliebe gelehrt, nicht wahr?"

„Ganz genau, Aurea, es geht hier um Altruismus und Alterität", sagte die Hausherrin mit dem geballten Wissen als Veranstalterin der Session – eine Rolle, die sie voller Stolz ausspielte.

„Wieso lassen Sie dann Ihre Angestellten draußen bei den Hunden essen?"

Die Chefin versuchte verdutzt, sich herauszureden. Aber Aurea ließ nicht locker. Dann zog sie ohne Hast ihre Schürze aus und legte sie auf den Tisch, drehte sich um und ging. Und kam nie wieder.

Damals lernte sie Márcia kennen, die ihr die ganze Jugend über eine wichtige Freundin war. Alles begann am Blechtisch einer improvisierten Bar vor dem Bolzplatz, auf dem ihre Brüder kickten. Aurea verkaufte dort, wenn gespielt wurde, zusammen mit ihrer Mutter selbst hergestelltes Salzgebäck. Ihre Brüder kannten sich, spielten in derselben Mannschaft, tranken zusammen Bier in der Bar, in der sich irgendwann die beiden, die auch gern Bier tranken, dazusetzten. Von da an waren sie unzertrennlich.

An Wochenenden übernachtete Márcia immer bei Aurea. Dann stiegen sie nachts, von der Mutter geduldet, aus dem Fenster, um Tanzen zu gehen. Da der Vater Aurea verboten hatte, abends noch auszugehen, und die Haustür nicht aus den Augen ließ, blieb ihr nur dieser Ausweg. Verschwinden war einfach, aber wenn sie zurückkamen, stand Raimundo im Wohnzimmer. Da halfen keine Ausreden, und es gab Schläge mit dem Gürtel. Wenigstens alle vierzehn Tage wurde Aurea so mit dem Gürtel geschlagen. Und doch gab sie die nächtlichen Eskapaden nicht auf. Einmal, sehr sicher, dass sie Raimundo diesmal doch ausgetrickst hatten, hatten sie ihre Ausgehsachen bei einer Nachbarin hinterlegt, die ihr Problem kannte und helfen wollte. Sie sagten dem Vater gute Nacht und fügten hinzu, sie wollten noch einmal kurz auf ein Schwätzchen mit der besagten Nachbarin gehen. Dort zogen sie sich rasch um, und dann gingen Aurea, Márcia und die drei Töchter der guten Frau ins „Muralha", ein Samba-Lokal, in dem sie fast Stammgäste waren. Aurea liebte Samba. Sie tanzte so gut, dass irgendwann der Besitzer sie ansprach, ob sie nicht am Wochenende bei der Show mitwirken wollte.

Der Vater durfte nicht die leiseste Ahnung davon bekommen. Er geriet schon außer sich, wenn sie abends ausgehen wollte, wenn er nun wüsste, dass sie für Geld tanzte? Tief in der Nacht kamen sie kurz vor Sonnenaufgang zurück, diesmal sicher, den Alten genarrt zu haben. Trotzdem schlichen sie sich ins Haus, man weiß nie. Als sie die Tür öffneten, erschraken sie, denn da lag der Vater und schlief auf dem Sofa. Voller Angst schlichen sie weiter ins Zimmer, vorsichtig, um ihn nicht aufzuwecken. Vor Angst, dass er jeden Moment im Zimmer stehen würde, bekamen sie fast kein Auge zu. Am nächsten Morgen, als sie noch schlaftrunken zur Arbeit gingen, sahen sie, dass der Vater eine Art Vogelscheuche gebastelt hatte, eine Puppe in seiner Jacke, die immer noch ruhig auf dem Sofa lag. An dem Tag bekam Aurea keine Prügel, aber sie hatte die ganze Nacht in Erwartung der Prügel gelitten. Sie fürchtete sich vor der Grausamkeit ihres Vaters, aber auf keinen Fall wollte sie die von ihm vorgegebenen Pfade beschreiten. Sie wurde älter, sah, dass es eine viel größere Welt zu entdecken gab, und dachte nicht daran, sich die vielen Möglichkeiten entgehen zu lassen, die ihr das Leben noch bieten würde. Und wenn der Preis noch so hoch war, beschloss sie, noch ziemlich jung, würde sie ihn bezahlen.

Wenige Monate zuvor hatte eine Frau von den Zeugen Jehovas bei ihr an die Tür geklopft. „Guten Tag, ich möchte Ihnen von der Übersetzung der Neuen Welt erzählen." Aurea hatte gerade nichts Besseres vor und ließ die Frau eintreten. Sie unterhielten sich stundenlang, tranken Kaffee. Die Sprüche der Frau umfingen sie mit dem Versprechen auf ein besseres Leben. Sie wurde neugierig. Veränderungen hatten sie immer schon interessiert; für neue Erfahrungen offen zu sein war seit je her ihre Geisteshaltung. Also dachte sie *auf ein Neues* und trat dem „Heilsvolk Gottes" bei, wurde eine „treue Sklavin" und ging missionierend von Tür zu Tür. Als sie Márcia kennenlernte, erzählte sie ihr davon, und Márcia wollte sie dabei begleiten. Sie gingen zu den Zusammenkünften in Königreichssälen so regelmäßig, wie sie am Kneipentisch saßen. Zwei Jahre lebte sie „die Wahrheit", bis sie aus dieser Trance erwachte und ihr klar wurde, wie vieles da nicht zusammenpasste.

„Márcia, das funktioniert so nicht. Wir verbreiten die Heilige Schrift, die Moral und das Wort

Gottes, aber wir hängen in Kneipen herum, trinken und feiern die ganze Zeit. Das passt nicht so richtig zu uns."

Die Wahl, falls sie sie tatsächlich so bewusst trafen, zwischen der „Wahrheit" und der weltlichen Welt, war entschieden. Sie gingen so, wie sie eingetreten waren, ohne Glauben und ohne Bindung.

Die Mutter hing Aurea damals ständig in den Ohren, sich eine Beziehung zu suchen, sie wollte vor allem Enkel, solange sie noch die Kraft dazu haben würde. Aurea sprach mit Márcia über diesen Wunsch ihrer Mutter und Márcia sagte, da sie ihre Freundin gut kannte: „Tu nicht, wovon ich jetzt denke, dass du es tun willst, du wirst es bereuen." Aber es war zu spät. Aurea hatte sich bereits entschieden, und wenn sie sich etwas in den Kopf setzte, gab es kein Zurück. Es musste ihr nur noch der Richtige über den Weg laufen. Bei einem ihrer Ausflüge ins „Muralha" entdeckte sie auf der Tanzfläche einen sehr gut aussehenden schwarzen Mann. Er war charmant und konnte gut tanzen. Sie war entzückt und sie fingen etwas miteinander an.

Márcia arbeitete als Verkäuferin in einem kleinen Fotolabor. Als sie hörte, wie ihr Chef sich beklagte, es seien Deutsche in der Stadt, die ein großes Fotolabor von Agfa eröffnen wollten, das sein Geschäft ruinieren würde, zögerte sie auch aus Angst, die Arbeit zu verlieren, nicht lang, bewarb sich bei der neuen Firma und wurde sofort eingestellt.

„Aurea, das ist auch deine Chance, sie stellen noch Leute ein und bezahlen sogar allen neu Eingestellten einen Kurs als Fotolaborantin", erklärte sie aufgeregt. Vielleicht wäre das auch für sie die erhoffte Möglichkeit einer Berufsausbildung, träumte Aurea. Es kam ihr gerade recht, denn sie hatte gerade bei Dona Marlene gekündigt und suchte neue Arbeit. Sie bewarb sich hinter dem Rücken des Vaters, wollte ins Fotolabor, wurde dann aber als Verkäuferin eingestellt. Den Grundkurs als Fotolaborantin bekam sie trotzdem. Die Deutschen wollten ein zentrales Labor einrichten, in dem alle Filme entwickelt wurden, mit Verkaufsstellen überall in der Stadt. Sie stellten zwölf Verkaufswagen auf, und für jeden davon brauchten sie eine qualifizierte Verkäuferin, die sie *trailer girls* nannten. Aurea wurde eine von ihnen, Márcia auch.

Aurea mochte die neue Arbeit, sie hatte viel mit der Kundschaft zu tun, es war genau das, was sie machen wollte. Dann aber wurde sie nach ein paar Monaten schwanger. Das durchkreuzte den einen Traum, ließ dafür einen anderen Wirklichkeit werden. Das Leben ist tückisch, da war nichts zu machen. Ihr Bauch wurde dicker, den ganzen Tag im Verkaufsanhänger stehen, wurde von Mal zu Mal mühsamer. Als sie schließlich Wasser in den Beinen bekam, hörte sie auf. Unmittelbar nach ihrer Kündigung wurden ihre freundlichen deutschen Arbeitgeber auf bestialische Weise ermordet. Ihre Leichen wurden zerstückelt in der Gefriertruhe ihres eigenen Hauses gefunden.

Ihre kleinen Kinder überlebten das Massaker, das der Verwalter ihres Landhauses aus Habgier geplant und verübt hatte. Das Verbrechen beschäftigte sie so sehr, dass sie die Erinnerung daran mit filmischer Präzision lange mit sich herumtrug und auch die beunruhigende Frage: Was bringt einen Menschen dazu, das Leben eines anderen Menschen so brutal zu zerstören? Eine Frage, die sie sich in ihrem Leben leider noch öfter zu stellen hatte.

Es war das Ende ihrer erträumten Chance auf eine Berufsausbildung. Aber die Freundschaft der beiden *trailer girls* blieb. Márcia war ihr während der Schwangerschaft eine große Stütze. Auch als die Freundin nach der Entbindung der Liebe wegen nach Brasilia zog, blieben sie eng verbunden. Jahre später, als Aurea wieder einmal Hilfe brauchte, fand sie bei ihr ein Dach über dem Kopf und Halt.

6   Dreiecksbeziehung

Aurea wurde schwanger, unverheiratet, ihr Vater warf sie daraufhin aus dem Haus. Ledig und schwanger – nicht unter meinem Dach, tobte er. Er und die Jungs durften und erlaubten sich alles, seiner Frau und seiner Tochter hingegen nichts. Doppelmoral war die Leitlinie seines Lebens. Ihre Schwangerschaft war ein Liebesbeweis für die Mutter, die sich Enkel wünschte, und Auflehnung gegen den Vater; ein Akt der Selbstbestimmung über den eigenen Körper.

Aus dem Haus geworfen zog sie mit dem Vater des Kindes in eine Bude in der Nähe der Eltern. Als ihre Tochter geboren wurde, musste ihre Mutter sich um das Baby kümmern, während sie arbeiten ging. Dona Janete, recht schwach schon und nicht mehr in der Lage, woanders zu arbeiten, hatte Zeit, sich um das ersehnte Enkelkind zu kümmern. Aurea hatte bis dahin im Haushalt gearbeitet, als Maniküre auf eigene Rechnung und im Fotolabor. Als sie dann Mutter war, nahm sie das frühere Angebot von Josefina an und wurde in deren Salon fest angestellt. Von da an war ihr Tagesablauf täglich derselbe, sie stand früh auf, machte das Kind fertig, füllte Milchfläschchen, brachte Kind und Milchfläschchen zur Mutter und ging dann arbeiten. Täglich montags bis samstags war sie von morgens früh bis um 18 Uhr im Salon. Nach Feierabend war dann noch lange nicht Schluss und keine Zeit für Erholung, denn dann ging sie direkt zu ihrer zweiten

Arbeitsstelle als Pflegerin einer alten Frau, wo sie auch übernachtete. Kaum fand sie etwas Schlaf, brauchte die alte Dame etwas, die ganze Nacht über. Nach Schichtwechsel am frühen Morgen fuhr sich todmüde quer durch die Stadt, um ihre Tochter wieder abzuholen und ein paar Stunden mit ihr zu verbringen, bevor das Ganze von Neuem anfing. Am Wochenende ging sie immerhin noch ins Muralha tanzen.

Sie hielt es nicht lang mit dem Vater ihrer Tochter aus. Er war ein Frauenheld, hielt sich nicht an Vereinbarungen und war nicht wirklich bereit für eine Familie. Als sie sich trennten, hatte sie wieder kein Dach überm Kopf und kam bei einer Nachbarin unter. Dort blieb sie ein paar Monate, der irre Rhythmus ging weiter.

Dona Janete, die ihre Gesundheit schwinden sah, nahm wenige Monate, bevor sie starb, noch all ihre Kräfte zusammen und lehnte sich auf: „Aurea, komm wieder nach Hause." Raimundo musste nachgeben. Es war wohl die wichtigste Schlacht ihres Lebens, die Aureas Mutter damit gewann. Die Rückkehr der verlorenen Tochter nach Hause gab ihr die nötige Ruhe, um endlich selbst gehen zu können. Die Monate, die ihr im Leben noch blieben, nutzte sie intensiv mit der ersehnten Enkelin, sie verbrachten die Tage zusammen, hielten einander und stützten sich. Ein Jahr und acht Monate intensiven Zusammenlebens. Aurea baute in matriarchaler Tradition hinter dem Haus eine Hütte für sich und die Tochter. Die räumliche Nähe war wiederhergestellt, und Aurea konnte sich so auch wieder in gewohnter Weise um ihre Mutter kümmern. Nun lebten sie also eine Dreiecksbeziehung als Mütter. Wer sich dabei um wen kümmerte, ist nicht ganz klar.

Dona Janete starb an einem Tag im Sommer. Beim Aufwachen war es ihr nicht gut gegangen, sie hatte Atemnot gehabt. Auf der Gesundheitsstation fiel sie in Ohnmacht und kam auch nicht mehr zu sich. Die Gesundheitsstation hatte nur das Nötigste an Ausstattung, und man verlegte sie in ein Krankenhaus. Dort starb sie in der Nacht auf dem Flur, während sie auf ein Bett wartete. Sie war 46 Jahre alt und starb an gebrochenem Herzen und Verbitterung über das Leben, sagt Aurea.

Aurea und ihre Brüder waren erschüttert. Ihren Vater Raimundo schien das nicht zu berühren. Die Kinder empörten sich, konnten das alles nicht glauben. Eine Empörung, die mit einem Mal über sie kam, deutlich zu spät, und sich in großen Gefühlen entlud. Sie beschuldigten ihn, lebenslang gleichgültig und verantwortungslos gewesen zu sein, und nun zeigte er nicht einmal in der Todesstunde eine Spur Mitgefühl. Der jüngste von Aureas Brüdern sprach aus, was sie alle drei empfanden: „Warum bist du nicht gestorben, sondern sie?" Im Moment des Verlusts und der Trauer war der Schmerz noch einmal deutlicher geworden, die offenen Wunden schmerzten noch mehr angesichts all der grausamen Tatsachen. Der Tod der Mutter lieferte ihr den letzten Beweis für die völlige Gleichgültigkeit ihres Vaters. Die in der Erinnerung ihrer Kinder festgehaltenen Ereignisse verdichteten sich zu einem abschließenden Urteil: Sie war an mangelnder Liebe in ihrer Ehe gestorben. In der Brust ihrer Kinder schlug Dona Janetes Herz weiter, leitete ihre Gefühle und gab ihnen im Leben den Takt an. Nachdem die Mutter gestorben war, zog Aurélio, der ältere Bruder, wieder bei ihnen ein. Ein Geschenk des Himmels, fand Aurea. Aurélio war ihr nach dem zu frühen Tod der Mutter ein wichtiger Halt, Unterstützung bei all ihren Unternehmungen, und kümmerte sich auch um ihre Tochter, als wäre es seine eigene. Doch Áurea hatte mit dem Tod ihrer Mutter endgültig ihr Zuhause verloren, ihre Mitte. Schließlich folgte sie ohne Aussicht auf Besserung dem Gesang der Sirenen und ging ihr Glück in den Goldgräbergebieten suchen. Nicht ohne sich vorher bei all ihren Arbeitgebern zu verabschieden. Trotz des Optimismus, sie nie mehr zu brauchen, hatte sie die Erfahrung gelehrt, dass Vorsorge immer besser sei, als später etwas zu heilen. Es schadete nie, Türen nicht ganz zu verschließen.

7   Im Land der Goldsucher

Aurea wachte früh auf. Die Routine gefiel ihr. Sie mochte den Kaffeeduft im noch stillen Haus, trank ihn gern in Ruhe und noch etwas schläfrig. Heute jedoch würde alles anders sein, ihr stand eine lange Reise bevor. Das Schlimmste daran war nicht die Reise, sondern der Aufbruch. Es würde nicht leicht sein, die Tochter zurückzulassen. Aber es musste sein. Sie hatte es so beschlossen. Es gab kein Zurück.

Das Goldsuchercamp von João Pretinho lag in Pará in der Region des Rio Tapajós; der Name der nächsten Stadt ist inzwischen vergessen. Eine Freundin hatte ihr diesen Ort schmackhaft gemacht, betört von dem Reichtum dort. Ihr Leben mit der kleinen Tochter war hart und es fehlte an Perspektive. Sie ließ die Tochter bei ihrem ältesten Bruder Aurélio zurück, dem sie vertraute, und stürzte sich in das Abenteuer. Folgte dem Lockruf des Goldes, setzte alles auf dieses Versprechen. Mit Mitte zwanzig wurde sie also Köchin im Goldwäschercamp von João Pretinho.

Vier Tage fuhren sie mit dem Bus, dann noch zwei Tage flussauf mit dem Boot und ein paar Stunden im Flugzeug. In Marabá, ganz im Norden Brasiliens im Bundesstaat Pará, drangen sie in den Urwald, bestiegen die zweimotorige Maschine, die sie zum Camp der Goldwäscher brachte, das nur mit dem Flugzeug zu erreichen war – eine Goldgrube aus der Luft, wie die Leute sagten. Sie hatte noch nie in einem Flugzeug gesessen, und auf die Frage, ob sie Angst hätte, sagte sie: „Wenn das schon mal einer gemacht hat, dann kann ich das auch."

Die letzte Etappe der Reise durch die Luft bezahlte der Eigentümer des Camps, als eine Art Darlehen, ein Lockvogelangebot an die Glücksritter. Wer einmal da war, unterstand dem Monopol des Besitzers, und der wusste, wie einem die Abreise möglichst schwergemacht werden konnte. Der Preis für den Rückflug war kaum zu bezahlen, aber wer dachte schon daran, wenn er dort voller Träume und Hoffnung ankam?

Es gab in dem Camp Leute von überall, mit den unterschiedlichsten Arbeitserfahrungen. Zum Beispiel Pindaré, der einmal Fußballspieler gewesen war, seinen Profivertrag verloren hatte, und wie viele nur mit dem Ziel dort war, reich zu werden. Sein Spitzname war der Name des Ortes, an dem er geboren wurde. Jeder neu Angekommene bekam einen Spitznamen, meist den Namen seiner Stadt oder ein anderes besonderes Merkmal. Aurea, die zwar aus Minas Gerais stammte, wurde *Baiana* genannt, als sei sie aus Bahia, man hielt sie für lebensfroh und unternehmungslustig.

Das Leben im Camp war brutal. *Jeder für sich* lautete die Regel. Der Boden, auf dem sich die Frauen und Männer bewegten, war wie Treibsand, und jeden Moment konnte man in ihm versinken. Sich freizukämpfen war schwierig. Nicht mehr lebend dort rauszukommen, war sehr wahrscheinlich, der Tod lauerte überall ... Krankheiten, Gewalt, Unfälle, die pure Verzweiflung oder einfach Enttäuschung. Die Leute kamen mit großen Erwartungen an und wurde mit einer Wirklichkeit konfrontiert, die so hart war wie die Scharten, die Saugbagger in den Hang fraßen, um dem Boden das Gold zu entreißen. Mit dem Boden zerstörten sie alles, was um sie herum war.

Zurück blieb nur verbrannte Erde, krank, kaum noch fruchtbar, um darauf auch nur das Geringste anzubauen. Nichts wuchs dort mehr. Aurea versuchte trotzdem, dort etwas Gemüse zu ziehen, säte Hülsenfrüchte, versuchte es wieder und wieder. Mit viel Mühe gelang es ihr, ein paar Antillengurken zu ernten, manchmal sogar Tomaten, was aber schon an ein Wunder grenzte.

Eine Infrastruktur gab es nicht. Kaum Abwechslung bei den Lebensmitteln, etwas Frisches schon gar nicht. Es gab einen Laden, in dem sich die Arbeiter versorgten, grobes Maismehl, Zucker, Öl, Dörrfleisch, Dosenfisch und Eier kauften. Manchmal gab es immerhin frischen Fisch. Es galt, kreativ zu sein und sich etwas einfallen zu lassen.

Aurea gab sich alle Mühe. Wenn es einmal Fleisch gab, war es nicht mehr frisch. Über Stunden bei mehr als 40 Grad in der Sonne unterwegs, kam es auch in Styroporkisten schon verdorben an. Wenn mit Glück etwas davon zu gebrauchen war, vollbrachte sie Wunder mit ihrem Fleischklopfer, zauberte manchmal sogar Hackfleisch für Teigtaschen, zur Freude der

Leute, die sich über jede Kleinigkeit freuten. Bald befreundete sie sich mit den Mädchen aus dem Nachtlokal, und überhaupt mochten sie alle. Als Köchin wachte sie über die Nahrung, das gab ihr auch Macht, denn Essen war in dieser unwirtlichen Verbannung auch eine mächtige Tauschwährung für Gefälligkeiten. In der Kultur der Goldwäscher war es üblich, mit Gold zu bezahlen. Die Arbeiter spielten Fußball und baten Aurea, ihre dreckigen Trikots zu waschen. Sie bezahlten mit Goldstaub. So konnte sie etwas Geld zur Seite legen und ihre Ersparnisse aufstocken.

Der Hauptsitz des Camps war direkt neben der Landebahn. Es war ein Komplex aus Brettern und schwarzer Plane, jedes Gebäude hatte seine Funktion. Es gab das Büro und die Wohnung von João Pretinho, das Lager mit Cafeteria und Küche, die Bar mit dem Nachtklub, Unterkünfte und einen Laden. Aurea hatte das Recht, in der Unterkunft direkt hinter der Küche zu schlafen, eine lang gezogene Konstruktion mit mehreren kleinen Abteilen, in denen eine Hängematte aufgespannt werden konnte. Betten gab es nicht. Am Ende des Korridors war ein Waschraum. Als sie Malaria bekam und so krank wurde, dass sie nicht mehr kochen konnte, bekam Aurea auch keinen Lohn mehr, durfte aber immerhin ihren Schlafplatz behalten.

Als sie krank war, blieb sie den ganzen Tag über in ihrem Verschlag, ohne etwas zu tun, ohne Ablenkung. Die Untätigkeit ließ ihr dumpfes Gefühl von

Angst nur noch größer werden. Sie sehnte sich unbändig nach ihrer Tochter, als hätte man ihr ein Stück Herz ausgerissen. Irgendwann dekompensierte sie, hatte tagelang nicht geschlafen, war es nicht gewohnt, in der Hängematte zu schlafen. Zusammengekrümmt ausgelaugt, eingepfercht, drehte sie durch; nicht zum ersten Mal. Mit ihrer psychischen Vorgeschichte und mit all ihren Einschränkungen machte das Gefühl, nichts tun zu können, gepaart mit extremer Erschöpfung, sie wahnsinnig. Als sie Panik bekam, nur noch nach Hause wollte, ohne die Rückreise bezahlen zu können, rannte sie hinunter zum Fluss Tapajós, wollte sich ins Wasser stürzen, sterben, irgendwie. Ihre Freundin, die ihr von dem Glück im Regenwald vorgeschwärmt hatte, rannte hinter ihr her, verzweifelt und voller Angst, Aurea zu verlieren. „Baiana, spring nicht", schrie sie, „du kannst doch gar nicht schwimmen!"

Aber Aurea hielt das alles nicht mehr aus. Die Freundin besorgte eine Flasche Whisky und sie kochten frisch gefangenen Fisch in Bananenblättern und betranken sich bis zur Besinnungslosigkeit. Die Freundin hielt es dann tatsächlich nicht aus und verschwand bei der ersten Gelegenheit in ein anderes Goldgräbercamp, näher an der Stadt und mit neuer Hoffnung.

Malaria Tropica war im Camp von João Pretinho endemisch. Im stehenden Wasser am Flussufer herrschten beste Bedingungen für deren Ausbreitung. Nicht daran zu erkranken war praktisch unmöglich. Zur Behandlung gab es nur Chinin. Aurea litt sehr, bekam regelmäßige Fieberschübe, nach denen sie eine Uhr hätte stellen können. Jeden Tag um 6 Uhr überkamen sie Fieberträume. Sie halluzinierte, hatte Schmerzen am ganzen Körper, dachte, sie müsse sterben, ohne ihre Tochter je wieder zu sehen.

Sie nahm täglich eine Chinin-Tablette, so war es damals üblich. Es gab ja kein Krankenhaus, nichts. Wer krank war und nicht arbeiten konnte, bekam auch keinen Lohn. In der informellen Wirtschaft des Camps wurde nur wirklich geleistete Arbeit bezahlt. Wer kein Geld für die Rückreise hatte, die damals die Unsumme von 5000 Reais kostete, blieb in dieser Knochenmühle gefangen.

Als sie wieder einmal verzweifelt in Tränen aufgelöst war, hörte sie es eines Tages an ihre Tür klopfen; sie fragte, wer da sei. Die Stimme vor der Tür sagte:

„Aurea, erschrick nicht, ich bin es, Mutter." Und ihre Mutter trat durch die geschlossene Tür in den Raum, sie trug ein hellblaues Kleid, eine Art Nachthemd, schön anzusehen und engelsgleich, wie sich Aurea erinnert. Ihre Mutter sagte:

„Keine Sorge, Aurea, ich finde einen Ausweg für dich. Du wirst hier rauskommen. Ich finde für dich einen Weg."

Beim Anblick des Geistes ihrer Mutter wurde Aurea ruhiger. Ob es tatsächlich eine Vision war oder ein Fiebertraum, ist nicht klar. Irgendwann schlief sie ein, beruhigt und zuversichtlich.

Am nächsten Tag, nachmittags um 3 Uhr kam ein Flugzeug. Unter den Angekommenen war auch ein Goldsucher namens Guimarães, der aus Maranhão stammte und für die Anlagen und Unterkünfte etwas weiter im Wald zuständig war. Als Aurea ihn zum ersten Mal sah, war es um sie geschehen. Er hatte zunächst ein Auge auf eine andere geworfen, ein blondes Mädchen namens Isabel, aus dem Nachtklub. Die wiederum war befreundet mit Aurea. Sie verstanden sich gut, hatten zusammen Spaß. Aurea gefiel Guimarães, Guimarães gefiel Isabel und Isabel, der gefiel das Leben. Und das Leben schreibt, wie der brasilianische Volksmund weiß, gerade auf krummen Linien. Als Isabel Hals über Kopf beschloss, auf ein anderes Goldgräberfeld zu gehen, nutzte Aurea die Gelegenheit und eroberte Guimarães beim Tanz in der Bar für sich. Sie zog zu ihm in eine weiß getünchte, mit schwarzer Plastikplane gedeckte Baracke unter sengender Sonne. Im Haus herrschten höllische Temperaturen. Guimarães besorge eine alte Matratze, baute aus Stöcken ein Bettgestell, denn Aurea fürchtete sich vor den Schlangen, und an Hühnernattern, *Caninana* genannt, fehlte es in der Waldsiedlung nicht. Ein Bett zu haben war Luxus, und Privatsphäre in einer Welt, in der alle anderen eng zusammengepfercht schliefen, erst recht. Als Verwalter genoss Guimarães gewisse Privilegien.

Das Gelände lag von der Landebahn aus etwa zwei Kilometer weiter zum Fluss hin im Wald. Die Arbeiter schufteten und lebten zwischen Abhängen, Baggern, Erosionsrinnen, Waschtischen und Hütten aus Lehm und Plastikplane. Der aus dem Fluss gebaggerte Schlamm wurde auf Waschtischen nach Gold durchgesiebt. Alles andere spülte das Wasser weg. Das schwerere Gold blieb hell funkelnd in einer Art Teppich am Grund der Waschsiebe hängen. Um es abzuscheiden, wurde Quecksilber eingesetzt. Um Gesundheit, Umwelt, Natur scherte sich niemand. Was zählte, war nur das Metall, alles andere war unwichtig. Das glänzende Metall wurde in einer Goldpfanne mit einem Gasbrenner geschmolzen. Das, was dann golden und flüssig zurückblieb, zählte, alles andere war unbedeutend.

Guimarães war verantwortlich für den Abbau, das Abschöpfen des Goldes und für die Ordnung im Lager. Es kam ständig zu Diebstählen, es gab viele Tote. Ein Gerücht über einen größeren Goldfund genügte, um eine Schießerei auszulösen. Auch ein Freund von Aurea wurde erschossen. Er hatte viel Gold gefunden, seine Chance auf Freiheit, wie er sie sich erträumt hatte. Wenige Tage danach wurde er tot aufgefunden. Sein Gold war weg, sein Leben und sogar seine Eingeweide. Man hatte ihn aufgeschlitzt und mit Steinen gefüllt in den Fluss geworfen. Wer Gold fand, hielt am besten den Mund. Pindaré, der frühere Fußballprofi, war schlau, konnte als einer von wenigen lesen und schreiben, hatte Aurea damals geholfen, als sie

Malaria hatte. Er hatte ihr Infusionen gegeben, wenn welche zu haben waren, und war schließlich einer der Wenigen, die es von dort auch mit Geld wieder wegschafften. Heimlich.

Die Arbeiter lebten in sklavereiähnlichen Verhältnissen. Alle vierzehn Tage wurde das Gold abgefischt, und das zweimotorige Flugzeug kam, um es für den Weiterverkauf in der Stadt abzuholen. João Pretinho, dem die Maschinen gehörten, zahlte nach dem Abschöpfen und Wiegen jedem Arbeiter einen festen Prozentsatz pro Gramm, einen winzigen Bruchteil dessen, was das Gold wirklich wert war. Die Arbeiter hatten keine andere Wahl, mussten damit zurechtkommen, mit den Brosamen, die sie für zwei Wochen Knochenarbeit erhielten. Frustriert betranken sie sich in der Bar, um die Demütigung zu vergessen, die Schmerzen, ihre Verzweiflung; ihr einziger Trost waren der Alkohol und die Mädchen dort in der Bar. Am nächsten Tag war von dem wenigen Geld nichts mehr da; sie mussten wieder von Null anfangen. Das Geld wiederum floss zurück in die Taschen des Eigentümers. Ein schrecklich gewöhnlicher Teufelskreis bei den Goldwäschern. Jeder Neuanfang war gezeichnet von Euphorie und der Hoffnung auf das große Glück: „Diesmal wird es! Ich werde viel Gold finden, riesige Nuggets." Doch dazu kam es nur selten, eher trieb es die Männer zum Wahnsinn oder in den Tod.

Der Konsum von Alkohol wurde noch angestachelt durch das Gerücht, er könne Keime und sogar

Malariaerreger töten, und da so gut wie alle Arbeiter infiziert waren und sichtbar Symptome zeigten, tranken sie auch gegen das Zittern und ihre Fieberschübe. Jeder war etwas Arzt und vor allem auch irre.

Die meisten Arbeiter waren Analphabeten, für sie gab es nur das Recht des Stärkeren, das Gesetz des Überlebens. Auch Guimarães kannte nichts anderes, konnte ebenfalls weder lesen noch schreiben. Aber er wollte es lernen. Aurea brachte es ihm nach und nach bei, er war intelligent, lernte schnell und beherrschte nach kurzer Zeit schon das ABC. Dankbar und erfüllt versprach er, nun auch Aurea zu helfen.

„Baiana, ich gebe dir Geld, damit du nach Hause fahren und deine Tochter sehen kannst. Und dann kommst du zurück."

„In Ordnung, Guimarães", dachte sie für sich, „aber wenn ich hier wegkomme, dann für immer." Das hatte sie lange schon für sich beschlossen. Der Pilot, der die Leute ins Camp brachte und manche auch wieder abholte, hatte ihr einmal gesagt: „Baiana, sieh zu, dass du hier wegkommst. Das hier ist nichts für dich."

Aurea machte keine halben Sachen, und endlich hatte sich das Leiden für sie gelohnt. Wenn schon Entbehrung und Pein, dann mit Freude und etwas Gewinn. Sie hatte so viel Geld beiseitegelegt, wie sie nur konnte, dazu das Gold für das Wäschewaschen und nun das, was ihr Guimarães überließ. Bei der Abreise bekam sie noch ein unerwartetes Geschenk von einem indigenen Freund, der sie sehr mochte, selbst aber schon seit Jahren schon keine Lust und auch nicht mehr die Hoffnung hatte, dort wegzugehen. Er überließ ihr sein gesamtes Gebiss, das er einmal aus Gold hatte fertigen lassen, als Erinnerung.

Als sie das zweimotorige Flugzeug bestieg, sagte Zezinho, der Pilot, der ihr schon damals dazu geraten hatte: „Aurea, ich fliege dich nach Alta Floresta in Mato Grosso, und dort sieh zu, dass du nach Minas Gerais kommst. Ich will auch nichts davon wissen, dich wieder hierher zu fliegen." So entkam sie dem Amazonaswald. Sie glaubt fest daran, dass es ihre Mutter war, die sie dort weggeholt hat. Ein Jahr und drei Monate war Aurea in der Goldgräbersiedlung; es kam ihr vor wie eine Ewigkeit. Das erste, was sie in Belo Horizonte tat, war, das Gebiss zu verkaufen.

8   Mehrere Leben

Als Aurea in die Goldsuchersiedlung ging, war ihre Tochter gerade einmal ein Jahr und acht Monate alt; als sie zurückkam, schon älter als drei Jahre. Sie erkannte sie nicht mehr und fragte Aureas Bruder:

„Onkel Lélio, wer ist das?"

„Wer das ist? Deine Mutter."

„Nein, ist sie nicht", sagte das Kind und klammerte sich fest an die Jacke des Onkels. An die Situation kann sich die Tochter bis heute erinnern. Sie erzählt, dass Aurea, als sie zurückkam, ein Körbchen mit Erdbeeren dabei hatte und für sie einen Kuschelbären.

Nach der Rückkehr aus dem Goldwäschercamp zog sie wieder in ihr Elternhaus und endlich wieder mit ihrer Tochter zusammen. Es war nicht leicht, diese Beziehung wieder aufzunehmen, es brauchte einige Zeit, bis sich das kleine Kind wieder an seine Mutter gewöhnte. Zudem mussten Schulden beglichen werden, Abzahlungen für das Haus, Strom, Wasser und Telefon, und schon waren ihre Ersparnisse wieder aufgebraucht. Es ging wieder von vorne los, wieder musste sie auch die Stelle des Vaters einnehmen. Nur ein etwas größerer Nugget war ihr geblieben, den sie für noch schlechtere Zeiten zurückbehielt.

Als sie nach Amazonien gegangen war, hatte Aurea ihrem Bruder Aurélio, der sich um ihre Tochter kümmerte, ihr Auto überlassen, einen 6-Zylinder-Chevrolet

„Opala". Als sie zurückkehrte, fand sie nur noch Schrott vor. Der Bruder hatte bei einem illegalen Autorennen einen Unfall gebaut – Totalschaden. Und als ob das nicht genug wäre, stahl der Bruder ihr auch noch ihr letztes Gold. Unterm Strich stand sie also wieder mit nichts da. Alle Qual war vergeblich gewesen.

Ein paar Monate später lernte sie in einem Restaurant Artur Costa e Silva kennen. Sie aß dort mit Freundinnen zu Mittag, er saß am Nebentisch und sie fiel ihm auf. Das Interesse war gegenseitig. Kurz darauf schon zogen sie zusammen in ein schönes Haus mit riesigen Glasfenstern, mit Blick auf einen sonnenbeschienenen Garten; das Versprechen auf einen Neubeginn, ein beschauliches Eheleben, vielleicht noch mehr Kinder, die in guter Umgebung aufwachsen. Artur stammte aus einer wohlhabenden Familie und sparte auch nicht an Mühe, ihr zu gefallen. Die Tochter zog zu ihnen, wurde wie eine Prinzessin behandelt. Aurea sorgte für Aufsehen in der bürgerlichen Umgebung mit ihrer gelben Ford-Landau-Limousine. Leider hielt die Beziehung nicht lange. Artur erwies sich als unsteter Geist, hatte ungeheure Eifersuchtsanfälle, die schon an Paranoia grenzten. Die Situation wurde unerträglich, sie trennten sich für eine Weile. Aurea blieb in dem Haus wohnen, mit Tochter und Kindermädchen. An einem Samstagabend, als sie alleine zu Hause war, die Tochter und ihr Kindermädchen übernachteten bei ihrem Bruder, kam Artur und wollte reden. Aurea ließ ihn ein, bereute das aber sofort. Er war betrunken, was Aurea seltsam fand, da er sonst nie trank. Sie stritten, dann schlief er, der Alkohol nicht gewohnt war, ein.

Nach dem Aufwachen am nächsten Morgen bückte sich Aurea neben dem Bett, um ihre Hausschuhe anzuziehen, und sah unter dem Ehebett ein riesiges Messer liegen. Sofort bekam sie ein ungutes Gefühl und schlich sich schnell aus dem Zimmer. Im Wohnzimmer stand ein altes Luis-XV-Möbel und darauf entdeckte sie drei Umschläge. Einer adressiert an die Polizei, einer an Arturs Eltern und einer an ihre Familie. Sie riss die Umschläge mit zitternden Händen auf und begann zu lesen: „Ich liebe diese Frau. Ich ertrage die Trennung nicht. Ich werde sie töten und dann auch mich". Als ihr klar wurde, dass sie selbst „diese Frau" war, geriet sie in Panik. Ihr wurde schlagartig klar, dass er am Vorabend mit der Absicht gekommen war, sie zu töten. Er hatte sich Mut angetrunken und war dann zum Glück eingeschlafen. Ein konfuser Film spulte sich in ihrem Kopf ab und lähmte sie.

Und da stürzte er sich schon auf sie. Im Auge der unmittelbaren Gefahr reagierte sie endlich, und es gelang ihr, sich ins Büro zu flüchten, wo sie sich einschließen wollte. Sie schaffte es nicht, die Tür rechtzeitig zu verschließen, er drückte von außen und dann konnte sie nicht mehr. Noch einmal gelang es ihr, zu entkommen und sich für ein paar Minuten hinter dem Schreibtisch zu verbarrikadieren. Auf dem Schreibtisch lag ein kleines Messer, mit dem

Artur Tabak von der Rolle zerkleinerte, den er gern rauchte. Dieses Messerchen schnappte er sich in einer schnellen, gezielten Bewegung, sprang über den Tisch, stürzte sich auf sie und stach auf sie ein, immer links in die Brust auf der Höhe des Herzens. Ein Glück, dass der lange Dolch im Schlafzimmer geblieben ist, dachte Aurea noch.

Er stach immer weiter zu, immer wieder an dieselbe Stelle, immer wieder. Aurea schrie, rief nach Hilfe, flehte um Gnade, versuchte mit allen Mitteln, sich loszureißen, aus den Fängen dieses völlig außer sich geratenen Mannes. Sie versuchte, sich zu schützen, so gut es ging, mit den bloßen Händen über der Brust weitere Messerstiche abzuwehren, doch je mehr sie schrie, desto brutaler wurde er, stieß Aurea mehrmals mit dem Kopf gegen den offenen Kamin. Dass sie dabei nicht bewusstlos wurde, war Zufall oder Überlebensinstinkt.

Und er stach immer weiter zu, wie ein in die Enge getriebenes Tier, planlos, haltlos, wollte um jeden Preis ihren Tod. Komplett gefangen in seinem Tötungswahn, blindwütig, sah er auch nicht, dass auf dem Boden neben dem Kamin ein Beil lag, um Holz zu zerkleinern. Aber Aurea sah es.

Instinktiv stellte sie sich bewusstlos, bewegte sich nicht mehr. Sie wusste, das war ihre Chance. Als er sie für tot hielt, ließ Artur von ihr ab, drehte sich um und ging ruhig, als sei nichts geschehen, aus dem Raum. Da nahm Aurea das Beil neben ihr vom Boden und stürzte sich mit letzter Kraft auf ihn. Er bemerkte etwas hinter sich, und in dem Moment, in dem er sich umdrehte, schlug sie auf ihn, der schon nicht mehr darauf gefasst und vom rasenden Adrenalin erschöpft war, ein. Der Schlag traf ihn am Kopf, trennte ein Stück seines Ohrs ab, das zu Boden fiel. Aura schrie, entsetzt über sich selbst und das viele Blut. Erst jetzt fiel ihr das Blut auf, das aus ihrer Brust quoll. Sofort rannte sie, noch mit dem Beil in der Hand, los, zerschlug die Glastür zum Garten, nahm sich nicht die Zeit, sie zu öffnen. Der Garten war von einer hohen Mauer umgeben, doch in der Not überwand sie auch diese und stürzte dahinter zu Boden, genau vor die Küchentür des Nachbarhauses, so gut wie direkt auf den Frühstückstisch. Schreiend stürzte sie hinein.

„Ich hatte Streit mit meinem Partner, bitte helfen Sie mir, bringen Sie mich in ein Krankenhaus!" Der Mann, der gerade beim Frühstück saß, war zu Tode erschrocken, sie waren nicht unbedingt befreundet, kannten sich kaum. Überfordert mit der Situation zögerte der Mann, ihr zu helfen, wollte lieber die Polizei rufen, einen Krankenwagen. Sie flehte:

„Bitte sofort, ich verblute, fahren Sie mich bitte nur bis vor die Tür des Krankenhauses. Ich verspreche, ich ziehe sie da nicht mit hinein."

Der Mann hatte Erbarmen. In der Notaufnahme half man ihr gleich. Viele Fragen, wenige Antworten, aber die Verletzungen sprachen für sich. Sie wurde operiert, hatte Glück, sagte der Arzt. Nur einen

Millimeter zur Seite, und er hätte ihr Herz getroffen, diesen sportlichen, permanent kämpfenden Muskel.

Zum Glück ist ein Tabakmesserchen keine geeignete Waffe für einen Mord. Kurze, glatte, gerade Klinge, alles Kleinigkeiten, die dazu beitrugen, dass sie überlebte. Die Blutung konnte gestoppt werden, die inneren Verletzungen heilten, sie behielt eine zickzackförmige Narbe über dem Brustkorb, schief wie eine unbeholfene Strichzeichnung von Punkt zu Punkt. Und die düstere Erkenntnis, Opfer eines versuchten Femizids geworden zu sein. Der physische Schmerz und die Angst in der Seele: Auch Zellen haben ein Gedächtnis. Der Tod umkreiste sie weiterhin.

Man suchte nach ihr, niemand wusste, wo sie geblieben war; zwei Tage blieb sie verschwunden. Nach der Entlassung aus dem Krankenhaus nahm sie ein Taxi und fuhr zum Haus ihres Bruders, vor allem wollte sie ihre Tochter sehen. Als sie in ihrer blutverschmierten, zwei Tage alten Kleidung, den Brustkorb und den Kopf verbunden, in der Tür stand, brach die Schwägerin, die zu dem Zeitpunkt schwanger war, in der offenen Tür zusammen. Es war ein Schock für alle, Tränen flossen, die Verzweiflung war groß. Sie wussten alle, dass die Tragödie damit nicht zu Ende war. Was tun, um sich zu schützen? Und wie die Tochter beschützen? Das war ihre einzige Sorge. Sie überlegten. Am besten verschwand sie für einige Zeit.

Sie wollte verreisen, ließ die Tochter abermals in der Obhut des Bruders. Schon wieder eine Trennung, diesmal abrupt, sie konnte die Tochter nicht mitnehmen in dieser Situation, war weder körperlich noch emotional in der Lage dazu. Ein paar Tage versteckte sie sich, bis es ihr etwas besser ging für die Reise. Dann floh sie vor dem Wahnsinn, und vor ihrem drohenden Tod. Ziel: Brasilia.

In Brasilia, auf dem Hochplateau im geografischen Zentrum des Landes, bei Márcia, wurde sie zum ersten Mal seit so vielen Tagen ruhiger. Sie hatten sich jahrelang nicht mehr gesehen, aber Márcia nahm sie sofort bei sich auf. Die liebe Freundin, Gefährtin der Jugendsünden, stand ihr wieder einmal bei, bot ihr Halt. Die freundliche Umgebung und die Entfernung zum Ort des Geschehenen gaben ihr das Gefühl von etwas mehr Sicherheit. Doch auch die Angst ließ nicht lang auf sich warten. Manchmal schlief sie nächtelang nicht, hatte Panikattacken, Angst um die Tochter, fand keine Ruhe. Artur lief immer noch frei herum, konnte sicher sein, dass er sein Leben weiter in Freiheit genießen durfte, so sicher, wie nur jemand sein kann, der weiß, welchen Unterschied Geld machen kann. Aurea wusste, sie musste abwarten, bis der Staub sich gelegt hatte, ihr Aggressor vielleicht zur Vernunft kam.

Ohne Geld und noch durch die Messerattacke geschwächt, musste sie etwas tun. Sie nahm eine Stelle als Maniküre in einem Schönheitssalon in der „Galeria Nacional" an, einem riesigen Shopping-Center im Herzen der brasilianischen Hauptstadt. Der Freund ihrer Freundin war eifersüchtig, wollte sie nicht in der Wohnung haben, tat alles, um sie zu vergraulen; und der Schmerz der Trennung von ihrer Tochter nagte auch wieder an ihr. Sechs Monate hielt sie durch, dann beschloss sie, zurück nach Hause zu gehen. Sie fürchtete um ihr Leben, aber bei der Tochter zu sein, wäre für sie auch eine Erleichterung, eine Möglichkeit, mit der Wirklichkeit klarzukommen.

In ihrer Geburtsstadt zurück, zog sie mit ihrer Tochter in eine Wohnung in der Industrievorstadt „Cidade Industrial". Sie ging tagsüber putzen, tanzte manchmal am Abend in einer Samba-Show. Irgendwann, als sie von der Arbeit zurückkam, sagte ihr Kindermädchen, Artur sei dagewesen, wolle mit ihr reden und sie zum Essen einladen. *Woher weiß er denn, dass ich zurück bin und hier wohne*, fragte sich Aurea verwundert. Allerdings wusste sie auch, dass sie nicht für immer auf der Flucht sein konnte. Man kann der Wirklichkeit nicht entkommen, heißt es in einem Lied, das sie sehr mochte. Trotz schlimmer Befürchtungen dachte sie, ein Gespräch könne vielleicht auch ein Neuanfang sein. Angriff ist die beste Verteidigung, dachte sie.

Also ging sie in ihrer Naivität ganz allein los, den Mann zu treffen, der sie hatte umbringen wollen, und das auch noch in dem Haus, in dem sie gemeinsam gelebt hatten. Sie trat ein, ohne anzuklopfen, sie hatte ja noch die Schlüssel. Als sie ins Wohnzimmer kam, war der Tisch schon gedeckt, es standen zwei Teller darauf, von einem war schon gegessen worden.

Sie rief mehrmals seinen Namen, suchte ihn überall in den Zimmern. Im Schlafzimmer fand sie ihn dann auf dem Bett liegen, das Hemd über der Brust aufgerissen, komplett zerschunden, blutend und schon ohne Leben. Der Besitzanspruch in der Liebe hatte ihn in den Wahnsinn getrieben und, wie sich jetzt zeigte, auch in den Tod. Aufgewühlt rief sie die Polizei. Die Beamten verschafften sich schnell einen Eindruck von der Situation und erklärten Aurea für festgenommen.

Als nach Ansicht der Polizei Hauptverdächtige und noch am Tatort auf frischer Tat angetroffen, wurde sie nun des Mordes beschuldigt. Da kam ein zweiter Wagen mit dem für den Einsatz und die Ermittlungen verantwortlichen Polizeioffizier. Leutnant Ismael ließ Aurea die Handschellen sofort wieder abnehmen:

„Lasst sie frei, sie ist nicht verdächtig", bestimmte er. „Und fasst nichts an, es kann alles vergiftet sein."

Artur hatte sie umbringen und dann seinem eigenen Leiden ein Ende bereiten wollen. Er hatte alles genau geplant, in seiner Todeserwartung aber die Geduld verloren und das vergiftete Essen verschlungen, war schon tot, als Aurea gekommen war. Er hatte Strychnin ins Essen getan, den nächsten Mordversuch unternommen. Schon wieder war das Glück auf Aureas Seite gewesen, noch einmal hatte sie überlebt. Arturs Tod war für sie eine Befreiung. Aber es blieb das beklemmende Gefühl: Wie war er in der Lage gewesen, ihr das alles anzutun?

Als Hausangestellte war sie oft mit menschlichem Elend und Absurditäten konfrontiert, war Zeugin unglaublicher Szenen gewesen, aber eine so offensichtliche Gewalt gegen sich selbst zu erfahren, verlangte ihr einiges an innerer Stärke ab, um nicht zusammenzubrechen. Diese Angriffe hatten eine neue Qualität gehabt. Es war nicht das erste Mal, dass sie Gewalt erlebte, aber dies übertraf alles. Und wieder tauchte die alte Frage auf, die sie sich schon früher gestellt hatte: Wie kommt jemand dazu, jemand anderen zu zerstören?

Wenige Tage nach der Tragödie entdeckte sie zufällig in einem Geschäft in der Innenstadt ein T-Shirt mit der Aufschrift: „Existenz ist ein Akt des Widerstands". Sie kaufte es. Wenn sie es trug, hatte sie einen gewissen Glanz in den Augen, denn sie wusste, sie hatte ihren Vater überlebt, ihren Onkel, Artur und alle anderen, die sie auf die ein oder andere Weise hatten vernichten wollen.

9

Wie Aurea schon am Tatort gesagt hatte, hatte Artur sich in seinem Wahn bereits selbst getötet, bevor sie die Wohnung betreten hatte. Geschockt und mit lauter Stimme sagte sie zu den Beamten: „Der Mann ist verrückt, er hat mir keine Ruhe gelassen, es ist schon sein zweiter Versuch, mich umzubringen. Gott sei Dank, lebe ich noch, aber nun verliere ich wegen ihm meine Arbeit." Der Offizier bat sie, sich zu beruhigen, und fragte, wo sie denn arbeite.

„Im Oba-Oba Uai", nannte sie schüchtern den Namen des Samba-Lokals.

„Ernsthaft, dort arbeiten Sie? Dann packen Sie mal ihre Sachen zusammen und ich fahre Sie hin", sagte der Leutnant mit einem Lächeln. Also wurde sie mit dem Streifenwagen zur Arbeit gefahren.

Sie arbeitete damals abends in dem neu eröffneten Lokal, das sich an Nachtklubs von Sargantelli orientierte, dem zu dieser Zeit großen Samba-Idol in Brasilien. Erst war sie dort nur Besucherin gewesen, regelmäßig am Wochenende. Sie tanzte immer noch gut und stach unter den Tanzenden heraus. Sie gefiel dem Besitzer des Ladens, sie hatten auch schon im „Muralha" zusammen gearbeitet, bevor sie ins Amazonasgebiet gegangen war. Er hatte sie wieder engagiert. Sie tanzte gern und brauchte ein zweites Einkommen, verband in dieser neuen Erfahrung das Nützliche mit dem

Angenehmen. Sie bekam eine eigene Choreografie. Die anderen Tänzerinnen waren alle sehr groß und sie eher nicht, und auch das wurde eingebaut in die Show. Sie trat mit dem Song *A menina que dança é essa* (Das ist das Mädchen, das tanzt) auf die Bühne.

Damals hatte sie einen arabischen Freund, Omar Eça, den Sohn des, wie es hieß: *syrisch-libanesischen Vizekonsuls* in Belo Horizonte. Sie war sehr verliebt. Sie hatten sich im Stadion kennengelernt, sie als Königin der Fankapelle des örtlichen Fußballvereins Atlético Mineiro. Eça war ein schöner Mann mit schwarzen Haaren und grünen Augen – sehr weiß und sehr behaart. Die Liebe ihres Lebens. Bisher hatte sie sich nie etwas aus *weißen* Männern gemacht. Diesmal war es anders, *amour fou* überwältigte sie. Ja, es hatte schon viele gegeben, die ihr gefallen hatten, manche hatte sie auch geliebt. Aber die wirkliche Liebe, mit Haut und Haaren, die alle Gedanken durcheinanderbringt, empfand sie nur für ihn.

Ismael, der gute Leutnant, der sich in sie verguckt hatte, umwarb sie auch. Einmal lud er sie ein, mit ihm zur Hochzeit eines Polizistenkollegen zu gehen.

„Warst du schon einmal bei einer Polizistenhochzeit? Meine Schwester heiratet einen Kollegen, begleitest du mich?"

Sie kam gern mit. Sie mochte ihn und fühlte sich auch geschmeichelt. Natürlich wollte sie sich auch das Fest nicht entgehen lassen. Sie machte sich fein, sah wunderschön aus in ihrem weißen Hosenanzug, oben ganz eng, unten ausgestellt, rote Bluse und rote Sandalen wie Sonia Braga in *Dancing Days,* der berühmten Soap Opera im brasilianischen Fernsehen dieser Zeit. Die Siebzigerjahre waren auf ihrem Höhepunkt. Sie fand sich unwiderstehlich.

In der Kirche erhoben sich alle, als die Braut hereingeführt wurde und die Kollegen mit gekreuzten Schwertern Spalier standen. Noch vor den Brautleuten und ihren Eltern traten die Trauzeugen ein – und wer war einer davon? Omar Eça. Als Aurea ihn hereinkommen sah mit einer anderen Frau am Arm, wäre sie fast in Ohnmacht gefallen. Das Schlimmste war seine Reaktion. Auch er hätte sie nie im Traum dort erwartet, und war, als er sie sah, so erschrocken, dass er unvermittelt im Defilee stehen blieb. Dann erholte er sich von dem Schrecken und ging weiter.

Alle auf dem Fest mussten mitbekommen haben, dass Eça nur Augen für Aurea hatte. Aurea brach in Tränen aus und erzählte dem Leutnant alles. Was sie nicht wusste, war, dass der Leutnant und Eça Cousins waren und er es so eingefädelt hatte, um den Nebenbuhler zu demaskieren und Aurea für sich zu gewinnen. Der Leutnant wusste von der Beziehung der beiden und wollte nun, dass sie von der Verlobung seines Cousins erfuhr. Aurea war erschüttert, es konnte ja nicht anders sein, als dass Eça mit einem *weißen* Mädchen verlobt war!

Sie war verzweifelt, ließ Tage in dieser Verzweiflung vergehen, wartete auf einen Anruf von Eça. Der

Leutnant war in dieser Zeit gut zu ihr, unterstützte sie, kümmerte sich hingebungsvoll. Vier Tagen später kam Eça auf einmal.

„Ja, ich bin verlobt, aber wenn du willst, brennen wir durch in den Süden."

Aurea wusste inzwischen, dass die Verlobte von Eça ein Kind erwartete und sagte nein.

„Nein, das will ich auf gar keinen Fall. Das wird nicht funktionieren. Am Ende tust du es doch nicht, und dann haue ich alleine ab."

Die schlechte Erfahrung mit Eça war für sie wie ein Sturz ins Leere. Sie sah sich wie in einem Traum auf der Spitze eines Hochhauses am Rand stehen. Sie spürt Eças Anwesenheit, aber sie sieht ihn nicht. Da wird ihr schwindelig und sie bemerkt, wie sich seine Hand ganz leicht von hinten sie berührt, sie stößt. Sie erschrickt und ist aufgebracht. Wieso das denn, wieso? Im Fall durch die Luft merkt sie, wie ihr ganzer Körper von Angst erfasst wird, sie die Kontrolle verliert, dann schlägt sie unten auf dem Asphalt auf. Auf dem Boden zerschellt sieht sie sich selbst von oben, wie sie reglos da liegt, als hätte sie ihre Seele für einen Moment verlassen. Sie ist zerschlagen, das Bild, wie sie daliegt, am Boden, lässt keinen Zweifel. Verrenkt wie eine auseinandergefallene Gliederpuppe, eine Karikatur ihrer selbst. Doch sie stellt in dieser Millisekunde auch fest, dass sie immer noch lebt, mit der Erde verbunden ist durch ganz winzige, zerschlissene Fäden. Im Grunde entdeckte sie hier wieder einmal ihren Willen zu überleben in einem heftigen Krieg gegen den Schmerz des Verlusts. Erschöpft nimmt sie all ihre inneren Kräfte zusammen, kehrt die Scherben auf, macht daraus etwas Neues.

Sie fühlte sich damals wie amputiert, wie eines lebenswichtigen Organs beraubt, der Phantomschmerz ließ ihr keine Ruhe. Sie brauchte sehr lang, um dieses Gefühl wieder loszuwerden. Der plötzliche Verlust hatte ihr keine Zeit gelassen, sich darauf einzustellen, hatte eine Verbrennung anstelle der Liebe zurückgelassen, doch mit der Zeit verabschiedete sich ihr Herz auch von dieser Liebe. Schmerzhaft ist die Erinnerung daran heute noch.

Ein paar Monate später lernte sie im gleichen Sambalokal Luiz kennen, der nur auf der Durchreise in Belo Horizonte war, auf Geschäftsreise, eigentlich in Angra dos Reis südlich von Rio lebte. Er war sehr aufmerksam und entwickelte schnell eine wirkliche Zuneigung zu ihr und ihrer Tochter. Eine Zeit lang fuhr er hin und her, ihre Zuneigung reifte und die Beziehung verfestigte sich. An einem Samstag bei einer Feijoada bei Aurea mit ihrer ganzen Familie fragte er sie beinah förmlich: „Willst du nicht mit deiner Tochter zu mir ziehen, nach Angra?" Sie war sofort einverstanden. Da war sie, die Ruhe nach dem Sturm. Seine unprätentiöse Art, gut zu sein, versprach eine ruhigere Zukunft. Die Vorstellung eines Neuanfangs mit der Tochter in neuer Umgebung reizte sie auch, und auf der Reise fielen bereits alle Schmerzen, die sie erlebt hatte, von ihr ab. Ein Jahr später starb Luiz dann ganz plötzlich, und seine Kinder aus erster Ehe warfen sie aus dem Haus. Und schon wieder stand sie ohne Halt da, denn ihr war nicht nur der Wohnsitz abhanden gekommen. Wieder einmal fehlte ihr jeder emotionale Rückhalt, und wieder einmal spürte sie ihre völlige Bedürftigkeit.

Nun ohne Unterkunft und ohne Einkommen, suchte sie sich noch in der Küstenstadt Angra dos Reis Arbeit und wurde wieder Hausangestellte, diesmal im Haus einer Lehrerin. Dort wohnte sie mit ihrer Tochter im Teenageralter im Dienstmädchenzimmer. Von sieben Uhr früh bis weit nach 22 Uhr arbeitete sie jeden Tag für die Familie, und schon wieder fehlte ihr die Zeit für ihre Tochter. Eine demütigende Zeit für sie, sie konnte nichts anderes tun, als dort im Dienstmädchenzimmer zu bleiben. Um dies wenigstens ihrer Tochter zu ersparen, setzte sie sie in den Bus und schickte sie wieder einmal zu ihrem Bruder nach Belo Horizonte. Sie hielt es einige Monate aus, bis sich auf einmal zufällig auch für sie eine Möglichkeit zur Rückkehr ergab.

An einem Sonntag lernte sie beim Spazierengehen am Strand von Angra dos Reis Carmem kennen, die dort ihren Urlaub verbrachte. Sie begegneten sich zufällig, unterhielten sich und waren sich sofort sympathisch. An der Aussprache erkannten sie, dass sie aus derselben Gegend waren, es stellte sich heraus, dass sie fast gleichaltrig waren und sogar aus derselben Stadt. Aurea erzählte von ihrem Pech, und dass sie gern zurückkehren wolle nach Belo Horizonte. Sofort bot ihr Carmem an, bei ihr und für ihre Familie zu arbeiten. Sie wohnte mit ihrem Vater zusammen, der von seiner Frau getrennt lebte, mit noch zwei Geschwistern, und sie bräuchten eine Person, die sich um den Haushalt kümmerte.

Am Ende des Monats war sie also wieder auf dem Weg dorthin zurück, wo sie geboren wurde. Angra dos Reis, Adieu. Sie war wieder mit ihrer Tochter zusammen, in Belo Horizonte, und arbeitete nun also im Haushalt von Carmem. Der Chef im Haus, Carmems Vater, war Parlamentsabgeordneter in Brasilia, ein schwieriger Typ, aber als Arbeitgeber sehr gut. Aurea arbeitete gern dort, der Umgang war freundschaftlich und respektvoll. Carmem, die Älteste, war sehr großzügig und unterstützte sie sehr. Sie wurden Freundinnen, unterhielten sich oft stundenlang und wurden einander Vertraute. Zum ersten Mal öffnet Aurea einer *weißen* Person gegenüber ihr Herz. Sie erzählte von all ihren Schwierigkeiten und von den schlechten Erfahrungen, die sie aufgrund ihrer Hautfarbe gemacht hatte.

Eines Tages, als sie vom Einkaufen zurückkamen, betrat Aurea mit den Tüten beladen den Aufzug, Carmem war noch einmal zum Auto gegangen, um die restlichen Einkäufe zu holen. Ein Hausbewohner, den sie nicht kannte, betrat den Aufzug: „Raus hier, der Aufzug ist nicht für dich. Nimm die Treppe!"

Da war auch wieder Carmem zurück.

„Was ist hier los? Sie gehört zu mir und bliebt hier."

Der Mann gab nur nach, weil Carmem sich einmischte. Wäre Aurea alleine gewesen, hätte sie Schwierigkeiten bekommen. Es war nicht die erste rassistische Situation bei der Arbeit und sollte auch nicht die letzte bleiben. Eine Episode von vielen, und der Unterschied bestand nur darin, dass jetzt Carmem Zeugin gewesen war und Aureas Schmerz gespürt hatte.

Erst viele Jahre später gab sie die Stelle dort auf und das auch nur widerwillig und weil Carmem sie gebeten hatte, sich um ihre Mutter zu kümmern.

„Aurea, wir mögen dich sehr, aber meiner Mutter geht es nicht gut. Sie hat Panikattacken. Sie muss oft für die Arbeit verreisen und braucht eine verlässliche Person, die sie begleitet. Wir haben an dich gedacht. Sie braucht eine verantwortungsvolle Assistentin, und wir wissen, wie sehr man sich auf dich verlassen kann."

Das Problem war, das Carmems Mutter Roberta in Rio de Janeiro lebte, und Aurea wegen ihrer Tochter nicht schon wieder umziehen wollte. Aber man bat sie so sehr darum und die Bezahlung war verlockend. Also gab sie nach. Und trennte sich ein weiteres Mal von ihrer Tochter. Den Luxus, Gewissenskonflikte zu haben, durfte sie sich nicht erlauben. Die Arbeit ging vor, eine Frage des Überlebens. Sie hätte sich auch eine andere Arbeit suchen und in Belo Horizonte bleiben können, das wäre auch möglich gewesen, aber es ging auch um

Loyalität. Sie wollte ihrer Freundin einen Gefallen tun, die ihr auch einmal sehr geholfen hatte.

Roberta war Geschäftsfrau, besaß Immobilien in Rio de Janeiro und weiter nördlich im Badeort Cabo Frio. Sie war geschieden, die Kinder lebten bei ihrem Vater in Belo Horizonte, sie mit ihrem neuen Mann Roger, einem Deutschen, in Rio. Regelmäßig war sie zwischen Rio de Janeiro, Cabo Frio und Belo Horizonte mit dem Auto unterwegs. Sie fuhr gern selbst Auto, wollte keinen Chauffeur, aber dann bekam sie unterwegs regelmäßig Panikattacken. Vor der Abfahrt nahm sie vorsorglich Medikamente, was die Angstzustände aber nicht verhinderte: Von einem Moment auf den anderen hatte sie das Gefühl, auf der Stelle zu sterben.

Dann fing ihr Herz an zu rasen, ihre Hände begannen zu schwitzen, ihr Mund wurde trocken, ihr Darm wand sich, und nur eine weitere Dosis Rivotril schaffte ihr etwas Erleichterung. Aurea fuhr dann immer als Begleitung mit, um sie in solchen Situationen zu retten. Roberta litt außerdem an Verfolgungswahn und wiederholte unterwegs ständig: „Da folgt uns doch wer!" und trat aufs Gaspedal. Aurea versuchte, es ihr auszureden, schlug vor, kurz Pause zu machen, schützte selbst Hunger vor. Nichts half. Ihr blieb nur, sich selbst panisch am Sitz festzuklammern, und Roberta raste wie besessen los. Auf der Hinfahrt wie auf der Rückfahrt. Jedes Mal eine brenzlige Situation. Aber sie hatten auch eine Menge Spaß.

Roberta besaß 22 Ferienwohnungen in Cabo Frio und eine Boutique im noblen Stadtteil Ipanema, wo sie aus den USA importierte Waren verkaufte; eine der ersten dieser Art. Aurea putzte jeden Tag in der Frühe den Laden, bevor er aufmachte. Dann ging sie zurück in die Wohnung, wo sie mit im Haushalt ihrer Arbeitgeberin wohnte, erledigte die Hausarbeit und hatte erst frei, nachdem sie das Abendessen auf den Tisch gestellt hatte. Jeden Monat, wenn neue Mieter kamen, musste sie die 22 Ferienapartments reinigen. Im Sommer noch öfter. Zwei Jahre arbeitete sie in diesem Rhythmus.

Eines schönen Tages sagte Roger zu ihr: „Du arbeitest zu viel für viel zu wenig Lohn. Aurea, willst du nicht einmal weg aus Brasilien?" Ihr Traum sei es, in den Vereinigten Staaten zu leben, gestand sie.

„In die Vereinigten Staaten kann ich dich nicht mitnehmen, aber wenn du willst, Aurea, kannst du für einige Zeit mit mir nach Deutschland gehen. Ich nehme dich mit. Geh nach Belo Horizonte zurück zu deiner Tochter, ich unterstütze dich, denk in Ruhe über mein Angebot nach. Ich mag dich und mir gefällt deine Entschlossenheit. Ich weiß, wie du zu kämpfen hast, und ich will dir eine Chance geben. Das Angebot kommt von Herzen."

Ihre familiären Verpflichtungen ließen es allerdings kaum zu, sich eine Zukunft weit weg von all dem vorstellen, was sie seit Jahren erdrückte. Sie dankte, sehr berührt von seiner Großzügigkeit, nahm seine Hilfe an, um wieder bei ihrer Tochter zu sein und versprach über die Einladung, nach Deutschland zu gehen, nachzudenken.

Wieder in Belo Horizonte, bekam sie das verlockende Angebot eines Freundes, Räume neben seiner Bar zu übernehmen, um darin ein Restaurant zu betreiben.

„Aurea, ich brauche für diesen Laden eine zuverlässige Person und eine wirkliche Köchin. Du bist genau die Richtige."

Ihr gefiel die Vorstellung, auf eigene Rechnung zu arbeiten, und Arbeit hatte sie gerade keine. Man stelle sich vor, nun hätte sie also ihr eigenes Geschäft, das nur ihr gehörte. Sie lächelte zufrieden in sich hinein und war kurz darauf Betreiberin einer Bar mit Restaurant gegenüber dem Fußballplatz, wo sie schon so viele Stunden in ihrer Jugend verbracht hatte. Von der nostalgischen Erinnerung abgesehen, war der Ort auch recht einträglich. In der Woche saßen an den Tischen Beschäftigte der Geschäfte ringsum und am Wochenende war Fußball und der Laden auch voll.

Frances stammte aus einer Landbesitzer-Dynastie, war blond, blauäugig und seit kurzem verwitwet. Man sagte, es täte ihm gut, so früh Witwer geworden zu sein. Er war gesellig, meist gut gelaunt und hatte viel Zeit für Vergnügungen. Er war irgendwann in der Kneipe von Aurea aufgetaucht und dann immer wieder gekommen. Sie machten Späße und lernten sich bei Getränken und Häppchen näher kennen, dann waren sie bald schon ein Paar. Er gab sich liebenswert und war zuvorkommend, brachte Fleisch und Gemüse aus eigener Landwirtschaft mit, das Aurea in ihrem Lokal verarbeitete. Nach und nach war er auch in der Bar unentbehrlich, die ihm ein zweites Zuhause wurde. Er mochte Aurea, hatte ehrliche Absichten. Doch seine Familie war damit überhaupt nicht einverstanden. Eine schwarze Frau, das ging gar nicht. Aurea hatte bitter gelernt, solche Beurteilungen von außen zu ignorieren, im Laufe der Jahre eine Art Schutzpanzer gegen diese Art von Behandlung entwickelt, und so blieben die beiden in aller Unabhängigkeit ein Paar. Doch Frances Familie gab nicht klein bei. Die ständigen Angriffe beschädigten schließlich die Beziehung und zehrten sie auf.

Man weiß, wie nervenzehrend Widerstand sein kann, und für Gleichmut war Aurea zu ungeduldig, diesmal aber war es mehr als das. Zunehmend beschlich sie eine Art emotionaler Überdruss, ein bis dahin unbekanntes Gefühl, wie das Unwohlsein nach einer durchzechten Nacht. Sie hatte so viel erdulden müssen in ihrem Land. Ihr notorischer Optimismus war angeschlagen, und aus den Rissen quollen nun Zweifel und Frustration – eine heftige und unerwartete Reaktion auf die ständigen Tiefschläge und unzählige erfolglose Neuanfänge. „Neuanfang wäre ein schöner Nachname für mich, Aurea Neuanfang", sagt sie. Sie lebte immer noch von der Hand in den Mund, der Kampf ließ nicht nach. Ohne ihren Humor hätte sie all das nicht so leicht ertragen. Trotzdem zehrt so ein Leben in voller Fahrt auf. Zum ersten Mal spürte sie eine Mutlosigkeit, die ihr Feuer zu ersticken drohte, war sich plötzlich bewusst, dass sie den Drang hatte, zum ersten Mal alles hinzuschmeißen; da lernte sie Matthias kennen, einen Deutschen, der mit Roger befreundet war, dem Mann, der sie nach Deutschland hatte mitnehmen wollen. Die beiden kamen sie an einem milden Abend im Juli besuchen. Aurea erinnert sich noch bis heute an die Farben und wie es gerochen hat. Es war wie eine Fügung und Liebe auf den ersten Blick, wie Matthias ihr einige Monate später gestehen sollte. Fünf Tage hintereinander kam er in die Bar. Er und Aurea redeten die ganze Nacht lang ohne Pause. Am fünften Tag verlor Matthias dann in der Wärme der guten Gespräche keine Zeit mehr. Er hatte durch Roger von dem Zwist mit Frances' Familie erfahren und wollte auch das nutzen.

„Komm mit mir nach Deutschland, Aurea."

Seit sie Roger begegnet war, dem sie so viel verdankte, war es stetig besser geworden für Aurea. Nun tat sich ein neuer Kreis auf. Sein Angebot, wegzugehen aus Brasilien, reifte noch immer in ihr. Als sie ihr eigenes Restaurant aufgemacht hatte und mit Frances zusammen war, trat das Projekt in den Hintergrund, emotional hätte es ihr zuviel abverlangt. Nun aber, als hätte sie abgeschlossen mit Brasilien und den Umständen, in denen sie hier lebte, ergab alles einen neuen Sinn: Rogers Angebot und nun das des freundlichen Matthias, der ihr eine ganze neu zu entdeckende Welt zu Füßen legte. Wieso eigentlich nicht? Begeistert von ihm und von der neuen Tür, die sich mit ihm für sie auftat, auch die Tochter war ja längst groß, beschloss sie: „Weißt du was? Ich will es jetzt wissen!"

Und sie nahm den Wink des Schicksals auf.

Als sie fortging, wartete Francis, untröstlich, noch lange darauf, dass sie es sich noch einmal überlegte.

Und nicht nur er glaubte, dass sie zurückkommen würde.

10   Deutschland ruft

„Roger, ich würde ja gern gehen, aber ich habe nicht einmal genug Geld für den Pass."

„Aurea, ich kann dir das Geld dafür geben und für das Ticket."

Pass und Ticket in der Hand, die Bürokratie überstanden, war sie drei Monate später reisefertig. Und noch einmal würde sie ihre Tochter für einige Zeit verlassen. Es fiel ihr schwer, sich schon wieder von ihr zu trennen. An manches gewöhnt man sich nie. Es war ein bewegender Abschied. Sie spürten beide, dass er besonders war. Aurea wollte Veränderung, die für immer hielt, auch wenn sie überhaupt noch nicht wusste, was sie erwartete. In dem Gedanken, dass bald ein Ozean zwischen ihr und der Wirklichkeit liegen würde, die ihr so übel mitgespielt hatte, lag etwas Beruhigendes. Nun also hieß es: Kopf hoch und weiter. Sie hatte nichts in der Hinterhand, nur etwas Geld in der Tasche. Besser nicht überlegen, was alles dagegen spricht. Nun galt es. Sie setzte alles auf diese Überfahrt.

Ihr Ticket war nur für die Hinreise, sie wollte nun wirklich alles zurücklassen, nur nicht die Tochter. Im Flugzeug, einem Jumbo-Jet, kam kurz ein mulmiges Gefühl auf. Sie hatte noch nie in einem Linienflugzeug gesessen. Nur damals in der zweimotorigen Maschine zum Goldgräbercamp, aber das zählte nicht; das hier war eine andere Dimension. Mehr als dreihundert

Personen, ein kleines Dorf, in einer Blechhülle zwischen den Wolken, stellte sie sich staunend vor. Das beeindruckte sie, seit sie eingestiegen war, und sie kostete jede Sekunde aus. Auf den unzähligen Reisen, die sie später noch unternehmen sollte, sollte sie sich immer an ihren ersten Flug mit dieser VARIG-Maschine erinnern, so wie es in dem berühmten Lied von Elis Regina heißt.

Der Flug verspätete sich, und das machte sie etwas nervös. Nach der Landung in Brüssel wurde sie von Roger und Roberta erwartet. Sie spürte, wie die Anspannung von ihr abfiel.

Es war kurz vor ihrem 42. Geburtstag, Ende Oktober. In Europa war Herbst, sie staunte über die Blätter an den Bäumen in ihren unterschiedlichen Farben, rot, orange, gelb. *Indian Summer*. Sie kannte den Ausdruck nicht, überhaupt, sagt sie, kannte sie kaum etwas von der Welt. Sie musste an ihre Mutter denken, an ihre Liebe zu Farben und Blumen, und für einen Augenblick wurde sie traurig. Ihr fiel auf, dass ihre Mutter in ihrem Alter schon fast gestorben war. Sie musste an ihr undankbares Leben denken, und dass es ihr gefallen hätte, die Schönheiten der Natur hier zu sehen.

Sie kam im Haus ihrer Gönner in Maintal unter, in der Nähe von Frankfurt. Die Einladung von Matthias, bei ihm zu wohnen, wollte sie erst einmal nicht annehmen, die Beziehung stand noch am Anfang, und sie wollte es vorsichtig angehen. Trotz aller Verliebtheit waren sie ja immer noch dabei, sich kennenzulernen. Am Tag nach ihrer Ankunft kam Matthias sie ganz früh am Morgen besuchen. Als es klingelte, schliefen noch alle. Aurea erwachte aus tiefem Schlaf und dachte, es sei noch Nacht. Sie erinnert sich noch, wie kalt und dunkel es war, und sie sich Herbst so nicht vorgestellt hatte. Froh machte sie die Tür auf, glücklich über das Wiedersehen.

„Hallo Aurea, wie schön, dass du hier bist!"

Er umarmte sie fest, küsste sie leidenschaftlich. Aurea erstarrte am ganzen Körper. Matthias war völlig betrunken. Wie konnte jemand um diese Tageszeit schon alkoholisiert seine Auserwählte besuchen, die seinetwegen aus dem Ausland gekommen ist?

„Aurea, erschrick nicht, ich komme gerade von einer Feier, nur um dich zu sehen. Ich freue mich so auf dich!"

Sie war beruhigt.

Matthias wohnte in Frankfurt und kam jedes Wochenende zu Besuch. Sie verbrachten die Wochenenden zusammen, genossen ihre Liebe. In der Woche arbeitete er und hatte keine Zeit, um nach Maintal zu kommen. Er hatte damals ein kleines Malergeschäft und war gut beschäftigt.

Aurea fürchtete, sich in der Stadt zu verlaufen, deswegen ging sie alleine nie aus dem Haus, allenfalls einmal kurz um den Block. Ihr Radius war gering. Sie konnte kein Deutsch, kaum Englisch, das schüchterte sie ein und hinderte sie daran, in ihrer Umgebung

Kontakte zu knüpfen, Leute kennenzulernen. Irgendwann nahm sie doch ihren Mut zusammen und traute sich bis nach Frankfurt. Am Hauptbahnhof sprach sie eine Frau von der Bahnhofsmission an, die etwas Spanisch konnte, und fragte, ob sie eine Kirche wisse, in der die Messe auf Portugiesisch gelesen werde.

Ich brauche ein Licht, sagte sie. Die Ordensschwester nannte ihr eine Kirche, wo es Begegnungen und Gottesdienste für Brasilianer gab. Dort lernte sie einige Frauen aus Brasilien kennen, und sie befreundeten sich. Aurea besuchte sie manchmal zu Hause. Langsam fasste sie Fuß.

Nach ein paar Wochen wiederholte Mattias seine Bitte:
„Aurea, zieh zu mir!"
Dafür hatte sie Brasilien ja verlassen, um zu ihm zu ziehen, es war ihr ursprünglicher Plan, aber sie wollte auch nichts überstürzen. Noch einen Monat, dann traute sie sich, packte ihre Sachen zusammen und beschloss an einem Wintertag, den Schritt zu wagen. Es schneite, sie hatte noch nie Schnee gesehen. Verzückt hielt sie es für ein gutes Vorzeichen. In der Wohnung angekommen, wollte sie allerdings auf der Stelle zurück nach Brasilien, so groß waren die Unordnung und der Dreck, den sie antraf.

Ich bleibe, aber nur unter der Bedingung, dass ich diesen Saustall hier in Ordnung bringe. Er gab grünes Licht und ging zur Arbeit. Ein entsetzliches Durcheinander. Und als ob das nicht genügte, hatte

Matthias im Winter Probleme mit Neurodermitis, und wenn er sich juckte, hinterließ er überall Schuppen. Sie fing damit an, die leeren Bierflaschen aus der Wohnung zu räumen. 36 Kästen bekam sie voll. Als dann mehr Platz war, konnte sie erst einmal richtig putzen. Sie reinigte alles, den Boden, die Wände, vom Bad bis zur Küche, wechselte Bettwäsche, wusch die Tischdecke und alle Handtücher. Als er von er Arbeit zurückkam, war alles sauber. Aurea hatte sogar Suppe gekocht. Er strahlte. So hatte er seine Wohnung noch nie gesehen.

Matthias sah gut aus, war blond, hatte grüne Augen und war stets sonnengebräunt. Er war liebevoll, nicht unbedingt allzu romantisch, aber sie umgarnen, das konnte er. Wenn er frei hatte, machten die Ausflüge in die Umgebung. Das gemeinsame Leben erwies sich als sehr angenehm. Sie passten zusammen und waren verliebt. Drei Monate waren sie schon zusammen, da sagte er beiläufig:

„Such deine Papiere zusammen, dann heiraten wir." Er war viel herumgekommen, hatte in jedem Winkel der Welt eine andere Freundin, schöne Frauen aus unterschiedlichsten Ländern. Es gab eine Pinnwand mit Fotos von ihnen allen.

„Aurea, das sind meine Schätze", sagte er einmal.

Die Deutschen sind nicht ganz richtig im Kopf, dachte Aurea, es kümmert sie nicht, wie sich andere fühlen. Irgendwann riss sie aus Zorn über seine Taktlosigkeit und über die Fotos an sich, alles von der Wand und warf die Bilder in das Aquarium im Wohnzimmer. Damit ertränkte sie ein für alle Mal seine Vergangenheit als Don Juan.

„Aurea, weißt du was, eine resolute Frau wie dich habe ich immer gesucht. Lass uns heiraten."

Sie trugen alles zusammen, was für die standesamtliche Trauung gebraucht wurde, und als alles da war, fuhren sie nach Dänemark. Dort sollte es schneller gehen und weniger bürokratisch ablaufen, aber an der Grenze stellten die Beamten fest, dass Aureas Touristenvisum abgelaufen war. Nur drei Monate hätte sie in Europa bleiben dürfen.

„Sie müssen zurück nach Brasilien und wieder mindestens drei Monate in Ihrem Land bleiben, bevor Sie das nächste Mal nach Europa einreisen", wurde ihr mitgeteilt. Von dieser Regel hatte sie nichts gewusst und bekam Panik. Ohne gültiges Visum war sie nun also illegal und durfte nicht heiraten. „Mein Traum ist aus", stellte sie unter Tränen fest.

Sie wurden beide zunächst festgehalten und die Polizisten suchten schon den nächsten Flug nach Brasilien heraus; noch am selben Tag wollten sie Aurea abschieben. Andere fragten, ob sie nach Europa gekommen sei, um als Prostituierte zu arbeiten. Das kränkte sie. Matthias und sie wurden getrennt, sie saß nun alleine in einem Verhörzimmer, Matthias in einem anderen. Ohne die Sprache zu können, fühlte sie sich verloren. Um 18 Uhr war Schichtwechsel. Ein sehr netter Polizist erschien und sagte, er bräuchte, um mit dem Verhör weiterzumachen, einen Dolmetscher; die anderen hatten danach nicht einmal gefragt. Als der Dolmetscher kam, stellte er sich Aurea vor und sie unterhielten sich. Im Gespräch sagte Aurea irgendwann lachend:

„Die Polizei in Dänemark ist echt zivilisiert, gute Leute, sie macht nur Psychoterror, aber man wird nicht geschlagen. In Brasilien wäre das längst passiert." Der Polizist fragte, was sie gesagt hätte, und der Dolmetscher übersetzte. Dem Polizisten gefiel das, auch die Leichtigkeit und Heiterkeit, mit der sie auf die Situation reagierte.

„Ich mag Leute wie Sie. Ich gebe Ihnen drei Tage, um Europa zu verlassen. Wenn sie dann nicht weg sind, kann ich leider auch nichts mehr für Sie tun."

Sie fuhren nach Frankfurt zurück. Aurea hatte kein Geld für das Ticket, angesichts einer drohenden Abschiebung musste sie trotzdem eine Lösung finden. Ihr blieb nur, sich das Geld von Matthias zu borgen und von ihren neuen Frankfurter Freundinnen.

Zwei Tage später war sie dann zurück in Brasilien. Verliebt und untröstlich. Sie hatte das Gefühl, das Teuerste, was sie je besessen hatte, verloren zu haben. Sie war dem Glück so nahe gewesen, und nun? Ihr Gefühl war, schon wieder an einem Nullpunkt zu sein. Drei Monate weinte sie nur, aß nicht, litt fürchterlich. Ihre Träume waren wie Sandburgen, weggespült vom Atlantik, der nun wieder zwischen ihnen lag. Nach einer Ewigkeit rief Matthias an:

„Schatz, ich war im Casino, habe dreitausend Euro gewonnen und schicke ein Ticket, damit du kommen kannst." Wie berauscht tanzte sie vor Freude durch die Wohnung, erzählte allen die Kurzversion ihrer Oper: Er hatte sie nicht aufgegeben! *Evoé!* Die letzten Tage in Brasilien nutzte sie, um sich mit Frances auszusprechen, der immer noch auf ihr Einlenken hoffte. Sie erzählte ihm von ihrem Entschluss, zu heiraten und nie mehr nach Brasilien zurückzukommen. Das Kapitel war abgeschlossen.

Kaum war sie wieder in Deutschland, heirateten sie. Nicht auf geradem Weg. Bei der standesamtlichen Hochzeit, diesmal in Frankfurt, brauchten sie einen Dolmetscher, denn Aurea konnte noch immer kein Deutsch. Der Dolmetscher, den der Standesbeamte bestellte, allerdings auch nicht. Frustriert mussten sie also die Eheschließung noch einmal aufschieben. Beim dritten Versuch klappte es dann. „Alle guten Dinge sind drei", sagt das Sprichwort in Deutschland. Matthias' Familie mochte sie sehr und nahm sie von Anfang an in ihrer Mitte auf.

Allerdings fehlte ihr zu ihrem Glück doch die Tochter, die immer noch in Brasilien war. Noch einmal reiste Aura nach Belo Horizonten, um auch die Ausreise ihrer Tochter vorzubereiten. Da sie erst 17 war, brauchte sie zum Verreisen die Genehmigung ihres Vaters sowie des Jugendamts. Sie vereinbarte mit dem Vater, dass er sie am vorgesehenen Tag zum Flughafen bringen sollte. Doch er kam nicht und versagte als Vater ein weiteres Mal, wie man es von ihm kannte. Er versuchte, sich zu erklären. Die Tochter reagierte mit Neurodermitis und kratzte sich blutig. Aurea drohte:

„Wenn es diesmal nicht klappt, mache ich dich fertig!"

Am Tag vor Weihnachten gelang es der Tochter dann endlich, zu fliegen und nach Deutschland zu kommen. Sie war begeistert von all den Lichtern und der Atmosphäre ringsum. Nach drei Monaten Aufenthalt musste sie, wie es das Gesetz verlangte, wieder zurück nach Brasilien.

Zwei Mal ließen sie sie schon im ersten Jahr ihrer Ehe nach Deutschland kommen. Ohne ein Visum war es nicht möglich, dass sie für immer blieb, aber genau das wollte Aurea unbedingt. Matthias versuchte, ihre Tochter zu adoptieren, was aber nicht möglich war. Der ständige Kampf um das Aufenthaltsrecht ihrer Tochter war aufreibend. Jeder Abschied eine neue Qual.

Auf ihrer ersten Reise nach Deutschland hatte die Tochter Miguel kennengelernt, sie verliebten sich. Beim zweiten Mal reiste er ihr nach Brasilien nach, er ertrug die Entfernung nicht. Miguel gab sein Studium auf, seine Arbeit, ließ alles sausen, um bei ihr zu sein. Schließlich wurde die Tochter, noch immer ohne ein Dauervisum, volljährig, und sie beschlossen, in Deutschland zu heiraten. Die Liebe, dieses zuverlässige Gefühl, besiegt jede Bürokratie. Dass die Tochter nach Frankfurt zog, war ein Höhepunkt in Aureas Leben. Endlich waren sie wieder in derselben Stadt. Ihre Beziehung als Mutter und Tochter war immer wieder räumlich unterbrochen worden, aber ihre Liebe hielt und war die Richtschnur all ihrer Entscheidungen. Die Tochter litt jedes Mal sehr unter der Abwesenheit ihrer Mutter, klagte, sie sei nicht einmal in den wichtigsten Momenten in ihrem Leben da gewesen, sogar in der Schule, bei Festen und Elternversammlungen hatte eine Freundin von Aurea sie vertreten. Nun waren sie endlich zusammen und hatten Gelegenheit, etwas neu aufzubauen, sich umeinander zu kümmern und emotional eine Stütze zu sein, all das, was der Tochter in der Beziehung zu ihrer Mutter gefehlt hatte, auch wenn sie vom Kopf her alle Wege, die sie genommen hatte, nur zu gut verstehen konnte.

Die vereinte Familie sollte nun endlich ein Ruhepol sein, aber das Leben wäre kein solches, wenn alles leicht von der Hand ginge. Es hatte gut angefangen mit Aurea und Matthias, dann aber kamen die Schwierigkeiten. Mattias erwies sich im Alltag als kompliziert und als ein großer Anhänger des Alkohols. Sie redeten, es ging eine Zeit lang besser, dann verfiel er wieder in alte Gewohnheiten. So holperte ihre Beziehung dahin.

Dann irgendwann fing Matthias an, haltlos zu saufen, schon zum Frühstück. Er war nur noch betrunken, und sein Verhalten änderte sich radikal. Er wurde aggressiv und wollte alles bestimmen. Seine Sucht nahm Züge an, die ihn schließlich auch daran hinderten, seinen Beruf nachzugehen. Seine Firma ging pleite, er musste sie abgeben. Es gab nichts mehr, hinter dem sich sein Alkoholismus noch verstecken konnte.

Anfangs hatte Aurea noch in der Firma geholfen, aber dann nach der Insolvenz musste sie etwas tun. Sobald sie eine Arbeitsgenehmigung hatte, sorgte sie für den gemeinsamen Unterhalt. Erst kochte sie in einem italienischen Restaurant, dann gründete sie selbst eine kleine Event-Agentur – betrieb auf Märkten und Festen einen Stand mit brasilianischem Essen. Matthias half ihr dabei, zu schleppen, beim Aufbau und beim Verkauf, aber sein Alkoholismus saß ihm dabei immer im Nacken. Sie hatte den Verkaufsstand und die brasilianischen Häppchen alleine am Hals und obendrein musste sie alles im Stadtbus transportieren. Wegen Alkohol am Steuer hatte Matthias seinen Führerschein abgeben müssen. Das Auto in der Insolvenzmasse zu verlieren, war da nur noch eine Nebensache.

Eine Zeit lang versuchte Matthias' Verwandtschaft noch, ihnen zu helfen. Er stammte aus einer Handwerkerfamilie; seine Eltern, die Geschwister, hatten Firmen in unterschiedlichen Handwerksbereichen und verdienten gut. Irgendwann war die Familie es leid, und sie blieben fern, wie auch nach und nach alle Freunde. Aurea blieb, versuchte, ihm zu helfen, wurde zum Kern der Familie. Sie hoffte weiter, dass alles so werden würde wie früher. Matthias war krank, brauchte Hilfe, aber er verleugnete seine Alkoholabhängigkeit und lehnte jede ärztliche Hilfe ab. Aurea jedoch wollte ihre Liebe nicht aufgeben, war loyal zu ihren Gefühlen. So schwer das Leben mit ihm nun geworden war, so dankbar war sie ihm auch, wusste, wie viel sie ihm zu verdanken hatte. Auch wenn sie nun da war, wo sie hatte sein wollen und ihm zu nichts mehr verpflichtet.

Nach Jahren eines verbissenen Kampfes war Aurea dann doch irgendwann ausgelaugt. In Brasilien hatte sie lange die Last der Familie getragen – und nun auch noch Matthias. Sie spürte, wie sich ihr Herz langsam von ihrem Mann löste und von dem Gedanken vollkommener Liebe. Neben dem üblichen Stress hatte er sich durch das Trinken verändert und verlor nach und nach auch vor ihr den Respekt. Die Umstände machten es ihr jeden Tag etwas weniger möglich, noch bei ihm zu bleiben.

Der Tiefpunkt war eine Familienfeier. Dort machte er sie nach Kräften verächtlich, bedeutete ihr, dass sie doch nicht dazugehörte.

„Oder ist hier noch jemand schwarz?", fragte er. Da stand Aurea auf und ging, wollte nur noch weg. „Wie kann er mir das nur antun?" Die Erinnerung an ihre Kindheit, die ungerechte Behandlung durch ihren Vater, alles brach wieder auf, die zurückgehaltenen Schmerzen, die das Gefühl der Machtlosigkeit noch verstärkten. Um schneller laufen zu können, zog sie ihre Plateauschuhe aus. Matthias folgte ihr schimpfend. Sie weiß nur noch, dass sie sich noch einmal ungewohnt wütend zu ihm umgewandt hat und ihm in fast atavistischem Zorn, der sich über die Jahre respektloser Behandlung in ihr aufgestaut hatte, die Schuhe direkt ins Gesicht warf. Es entstand ein Gemenge und die Familie kam, um zu helfen. Wie benommen wurde sie schließlich unter Tränen von ihrer Tochter nach Hause gebracht. Sie weinte die ganze Nacht über. Noch nie hatte sie sich so gedemütigt gefühlt.

Das war der Tropfen gewesen, der das Fass zum Überlaufen gebracht hatte – und sie dazu, ihn zu verlassen. Sie wollte nicht mehr gegen ihre Natur ankämpfen. Sie hatte viel ausgehalten, aus eigenem Entschluss und aus Zuneigung, nun aber war das Maß der Zurückhaltung voll. So etwas wollte und konnte sie sich von ihm, ihrem Ehemann, nicht bieten lassen. Aurea rühmte sich, sich nie jemandem gebeugt zu haben, und sie wollte es auch diesmal nicht dazu kommen lassen. Das Martyrium musste ein Ende haben. Es reichte! Nun war sie am Zug.

Matthias wollte es gar nicht glauben: „Du gehst? Aurea, du bist Ausländerin, du kannst kein Deutsch, du bist schwarz, du wirst ohne mich nicht überleben." Wenn Matthias sich in die Ecke gedrängt fühlte, ging er aus Unsicherheit immer zum Angriff über. Er war ein guter Mensch, war ihrer Tochter ein guter Vater gewesen, es war seine Krankheit, die ihn in diese Lage gebracht hatte. Aurea trennte sich, aber sie unterstützte ihn weiter, wann immer er es brauchte. Unmöglich, mit ihm zusammenzuleben, aber ihn fallenlassen, war für sie auch unvorstellbar. Matthias hatte schon so viel verloren, fast alles, die Arbeit, die Firma, die Familie, die Selbstachtung. Sie schreibt dieses Mitgefühl ihrer Liebe zu und den guten Zeiten, die sie zusammen verbrachten.

Mit der Trennung gab sie auch ihre selbstständige Arbeit auf, sie brauchte ein festes Einkommen. Erst arbeitete sie für den brasilianischen Generalkonsul, ein überheblicher Kerl, der seine Bediensteten herabwürdigte und auf alle herabschaute, die er als unter sich stehend empfand. Er hielt sich für etwas Besseres, einen Angehörigen des herrschenden Patriarchats und lobte offen die Militärdiktatur in den Siebzigerjahren als für die Entwicklung des Landes notwendige Revolution. Damit nicht genug, war er außerdem launisch und ließ regelmäßig wüste Beschimpfungen los. Bei ihrem letzten Streit brüllte er sie an und bezeichnete sie als frech und aufsässig, weil sie nach Feierabend nicht mehr ans Telefon gegangen war. Sie kündigte. Entwürdigung wollte sie für keine Arbeit der Welt mehr erdulden. Sie dachte an ihre Mutter, die so viel ertragen hatte, um ihre Kinder durchzubringen. Das Bild verfolgte sie und würde sie immer verfolgen, und oft war es ihr Gegengift gegen das Gift der Gesellschaft.

Dann kam ein Wechsel im Konsulat und mit dem neuen Gesandten ein neuer Versuch. Der neue Konsul war ein feiner Mensch, Kosmopolit, der in ihren

Augen die Ehre der Diplomatie wieder herstellte. Als dessen Amtszeit zu Ende war, fing sie an, halbtags bei einer Familie im Haushalt zu arbeiten und blieb dort siebzehn Jahre. Ihr längstes Arbeitsverhältnis; nie war sie so lange irgendwo angestellt gewesen. Die Beziehung zu der Familie war sehr gut, sie sah deren Kinder aufwachsen und blieb bis zur Rente. Die dauerhafte Anstellung gab ihr die Möglichkeit, auch etwas Geld anzusparen.

Nachmittags ging sie in all diesen Jahren noch anderswo putzen oder als Maniküre in anderen Frankfurter Haushalten arbeiten, um über die Runden zu kommen. Ihre Familie war groß, es gab einiges an zusätzlichen Ausgaben. „Aber in Deutschland lohnt Arbeit sich, du wirst für das, was du tust, bezahlt, wirst geachtet und es gibt eine soziale Struktur, auf die du dich verlassen kannst", sagt sie. In Brasilien hätte sie ihren Angehörigen niemals ein würdiges Leben ermöglichen können. Das hatte sie am eigenen Leib erlebt und es war ständig in ihren Gedanken.

Nicht, dass in Deutschland das Leben so einfach gewesen wäre. Auch hier gibt es Alltagsrassismus, aber er äußert sich anders. Sie haben Angst vor dem Fremden, vor allem, was anders ist, tun alles, damit unsere Stimme nicht hörbar wird, hätten uns gern lieber *weiß*, versuchen, unsere Besonderheit auszulöschen. Andererseits sind sie neugierig auf das Exotische. Es klingt widersprüchlich, ist es aber nicht. Entweder, du passt dich an, oder du wirst als Paradiesvogel in einen Käfig gesteckt. Rassismus gepaart mit Klassismus wie in Brasilien gibt es dagegen nicht. Dort profitiert eine sogenannte Elite, wie damals der Konsul, von einem Rassismus der Herrenhäuser. Wir werden wie Dinge behandelt, respektlos, ohne jede Wertschätzung, sagt Aurea.

Unbestritten war auch das Leben in Deutschland herausfordernd. Nicht nur Fremdenfeindlichkeit, auch der Rassismus macht vieles nicht einfacher. Wie oft setzten sich die Leute in der Bahn auf einen anderen Sitz, um nicht neben ihr sitzen zu müssen, oder setzten sich erst gar nicht hin. Aber diese Art von psychologischer Gewalt, die alltäglichen Aggressionen kannte sie ja noch von früher, sie waren schon immer in ihrem Leben gewesen.

Schwieriger fiel ihr die Anpassung an kulturelle Gepflogenheiten. Es fiel ihr nicht leicht, sich an die Leute, an die Kultur, an die Sprache zu gewöhnen, an die geschriebenen und die ungeschriebenen Regeln, die Gebräuche dieser Gesellschaft. Es dauerte, bis sie das Gesamtpaket angepasst hatte und tatsächlich gelandet war. Doch als es ihr gelungen war, empfand sie es als Geschenk, ein zweites Leben.

Ortsveränderung kann vieles bedeuten. Für Aurea war es die Möglichkeit, aufzublühen. Als sie zurückdenkt an die kleine Aurea, wie sie sich die Welt erobern will und von ihrem Vater und von den Umständen daran gehindert wird, fruchtbaren Boden zu betreten, sich zu entfalten, voranzukommen, drängt sich geradezu der Gedanke auf, dass das Leben auf schiefen Linien geradeaus schreibt. Das Leben in Deutschland gab ihr endlich das Fundament, um sich als Person zu verwirklichen. Endlich erwies sich ihr Hang dazu, glücklich zu sein, als Realität. Das Land ihrer Wahl war zu ihr großzügiger als ihr Herkunftsland. In Brasilien schien immer ein „aber" zu sein, zwischen ihr und dem Glück. Ihrer Zuneigung zu dem Land ihrer Herkunft tat das keinen Abbruch. Die brasilianische Kultur formte sie, ist Teil ihrer Natur und begleitet sie weiter auf all ihren Wegen. Ihrer emotionalen Intelligenz verdankt sie die Fähigkeit, sich überall anzupassen und ihre eigenen kulturellen Normen dabei zu bewahren.

Trotz der Widrigkeiten und aller Hindernisse auf ihrem Weg, von denen es etliche gab, hielt sie durch. Es war nicht leicht, und erst als sie mit ihrer Vergangenheit abschließen konnte, gelang es ihr. Es gelang ihr, sich aus dem Gefängnis der familiären Bindungen zu lösen, auszubrechen aus dem Kreislauf der Abhängigkeiten, deren Gewicht und das der schlechten Erfahrungen abzuwerfen. Bereut hat sie nichts davon, es gehört alles zu ihr. Diese Haltung wird es gewesen sein, die ihr den Raum gab für neue Erfahrungen. „Hier bin ich Mensch, hier darf ich's sein", hörte sie einmal eine Freundin Johann Wolfgang von Goethe zitieren. „Hier", eine räumliche Festlegung, die sie in sich selbst schuf. Das Zitat brachte etwas in ihr zum

Klingen. Es war wie eine Erweckung. Sie bewahrte es wie ein kostbares Geschenk für sich auf.

Und endlich hatte sie das Gefühl, zu Hause zu sein, die Zügel selbst in der Hand zu haben. Nicht mehr getrieben zu sein vom Gefühl der Verpflichtung anderen gegenüber. Sie musste nur noch an sich, an ihre Tochter und an die Enkel denken. Nach der Trennung beschloss sie, nie mehr zu heiraten – das ist der Preis, den sie zu zahlen bereit war für ihre Freiheit und Unabhängigkeit. „Jeder Erfolg verschleiert einen Verzicht" hatte sie einmal auf dem Nachhauseweg auf einem Plakat in der U-Bahn gelesen. „Das ist wie für mich geschrieben", sagt sie.

Aber diese Entwicklung war nur möglich, weil sie sich ein Netzwerk aus Personen, Rückzugsmöglichkeiten und Zuneigung schuf, die das Gewicht der Auswanderung und des Rassismus abfederten. Irgendwann und nach etlichen Aufbrüchen gelang es ihr, das eigene Leben zu organisieren. Wer aber denkt, Aurea sei trotz aller Schicksalsschläge eine verbitterte Frau, täuscht sich. Sie strahlt eine ansteckende Heiterkeit und Großzügigkeit aus, lebt heute umgeben von Freunden, mit denen sie das Leben genießt. Sie hat bis heute nichts gegen ein gutes Bier und Samba. Woher nimmt sie in der Blüte ihres siebenten Lebensjahrzehnts diese Energie? Sie schöpft aus der Liebe zum Leben und vor allem den Wunsch, weiterzukommen, einer Konstante in ihrem Leben und ständiger Antrieb für sie. Sie war nie religiös, doch sie besitzt einen unbändigen Glauben, überzeugt davon, dass Gott sie behütet, und ist dankbar für alles, was ihr auf ihrem Weg begegnet ist.

Das Leben in Deutschland gab ihr trotz allem emotionale Balance und finanzielle Stabilität, die sie in Brasilien wohl nie erreicht hätte. Heute hat Aurea ein solides Fundament, um das Leben mit ihrer Familie zu genießen, mit ihrer Tochter und ihren vier Enkeln; drei aus der ersten Ehe der Tochter, die Jüngste aus einer neuen Beziehung. Für sie macht sich Aurea als begnadete Großmutter weiterhin krumm. Diese unbedingte Liebe hat sie von ihrer Mutter Dona Janete und von deren Vorfahren. Eine Tradition, in der sich Aurea sieht. Ihre Energie und Weisheit gehen lebendig von Generation zu Generation über. Dem gewalttätigen Vater hat sie nicht nur vergeben, sondern sich dann auch noch bis zum Schluss um ihn gekümmert, aus Mitgefühl. Humor war ihr dabei stets Lebenselixier, Widerstandskraft und Mut ständig Verbündete. So viele Leben in einem, sagt Aurea, und ihr Lebensweg zeigt, dass ein wirkliches Leben nur in Gemeinschaft funktioniert. Aber ein Leben in Zwischenbereichen hinterlässt Spuren, und die wohl schmerzlichste war damals die Frage der Tochter: „Wo warst du, als ich erwachsen wurde?" Aurea hatte darauf ohne Reue geantwortet: Im Schützengraben und im Kampf um unsere Würde. Sie tat alles, was in ihrer Macht stand. Heute ist sie durch ihr soziales Netzwerk und finanzielle

Sicherheit in der Lage, ihren Enkeln das zu bieten, was sie ihrer Tochter schuldig blieb: Im Alltag für sie da zu sein, körperlich und emotional. Aurea schuftet bis heute. Auch nach der Rente ist sie noch längst nicht im Ruhestand. Sie ist eine aktive Frau und bewegt immer noch einiges. Wenn du Glück hast, begegnet sie dir irgendwo. *Oxalá!*

Nachwort der Autorinnen

Als arme und Schwarze Frau in Brasilien geboren zu sein, bedeutet, die schlechtesten aller möglichen Karten zu haben. In einem Land mit historischer sozialer Ungleichheit, einem äußerst prekären sozialen Gefüge, strukturell rassistisch und in höchstem Maß frauenfeindlich – welche tatsächlichen Chancen hat man, dieses unterdrückende System überwinden zu können? Die Pionierin des Schwarzen Feminismus in Brasilien, Lélia Gonzalez, wies erstmals auf diesen dreifachen Prozess der Diskriminierung hin. Wir müssen intersektionell denken, es gilt viel zu überwinden, und deswegen summieren sich Diskriminierungen nicht nur, sondern führen bei jeder Person zu jeweils eigenen Erfahrungen.

Wie viele dieser Fragmente, dieser tapferen Geschichten der Überwindung mag es überall auf der Welt geben? Wie viel verschwendetes Potenzial? Diese Geschichten über Gewalt und Widerstand nebeneinander sind als Lehrstücke essenziell für den Aufbau einer diversen Gesellschaft. Es geht um Wiederaneignung der Erinnerung, auch dies eine essenzielle Bewegung im Kampf für soziale und den Rassismus überwindende Gleichheit. Wir dürfen nicht schweigen. Es gibt kein größeres Unrecht, als in einer Gesellschaft nicht gehört und gesehen zu werden. Es geht auch in diesem Buch um den Versuch einer Wiedergutmachung.

Dieses Glückspiel, diese offensichtliche Lotterie, die das Leben uns ungefragt aufzwingt, lässt uns nicht die Wahl, wo und unter welchen Bedingungen wir zur Welt kommen wollen. Der Zufall ist ein Kriterium der Existenz. Was bedeutet es, schon unterdrückt anzufangen, und wie oft kann man sich auf nichts anderes verlassen als auf sich selbst. Du allein gegen die jahrhundertealte rassistische Ausbeutung, gegen Paradigmen aus einer kolonialen Matrix struktureller Macht, gegen eine Politik, in der Hautfarbe, Klasse und Geschlecht vermengt zu brutaler Ungleichheit führt.

Der Kampf um das Überleben, die Suche nach materieller Verbesserung hat viele von Aureas Schritten bestimmt; im Kern ging es dabei immer vor allem um Autonomie. Sie hat nach Kräften gekämpft, doch sie konnte auch immer Entscheidungen treffen. Es war trotz aller äußeren Bedingungen nicht immer nur das Leben, das sie mit sich riss. Selten bin ich einer Person begegnet, die so unerschrocken, so frei, so selbstbestimmt war wie Aurea. Und von einem unvergleichlichen Vertrauen auf sich und auf das Leben geprägt. Entschlossen verharrte sie nicht dort, wo sie nicht sein wollte oder wo man sie nicht wollte. Sie fürchtete sich weder vor Einsamkeit noch davor, alleine für ihre Belange einzustehen. Lieber stellte sie sich dabei Schwierigkeiten, als sich einem gesellschaftlichen Korsett zu unterwerfen, zog das Alleinsein der Unterwerfung unter einen Mann vor, der ihr einen Weg vorgeben wollte oder sie nicht respektiert. Als

Feministin von Grund auf war Aurea stets Protagonistin und dabei von unvergleichlicher Unerschrockenheit. In unserer patriarchalen Struktur, geprägt von atavistischen, machistischen Konditionierungen und auf a priori festgelegten Entscheidungen basierendem Verhalten, ist es erst einmal einfach, zu reden. Aber es geht um das Tun. Und Aurea tat etwas.

Ungeachtet der *weißen* Privilegien von Paula ist uns gemeinsam, dass wir Paradiesvögel sind und Ausländerinnen vom Rand der Welt, dem globalen Süden. Auch wenn wir in Deutschland assimiliert sind, bleiben wir Expatriates, gehören weder hierher noch dorthin. Unser Terrain ist, wo wir feste affektive Beziehungen haben, die sich wie Tentakel an Personen und Orten festsaugen und ein existenzielles, beständiges Netzwerk der Nachhaltigkeit bilden, uns emotionale Struktur geben, die es uns ermöglicht, zu sein. Aber wir wissen, dass auch äußere Faktoren dieses Gefühl der Zugehörigkeit würzen und beeinflussen. Es gibt Tage, da sind wir von hier, und es gibt Tage, da sind wir von nirgendwo und weinen, weil wir uns nicht als Teil auch nur von irgendetwas fühlen. Vielleicht ist das die verrückteste Eigenschaft der Diaspora. Vielleicht aber auch ihr größter Reichtum. Diese doppelte Zugehörigkeit bereichert uns und gibt uns die Chance auf jeweils das Beste aus beiden Welten – wenn es uns gestattet wird und wenn wir es uns erlauben.

Danksagung von Aurea

Mein Dank gilt meiner Mutter, weil sie mich gelehrt hat, meine Träume nie aufzugeben und unerschütterlich an die von ihr angerufenen Wesenheiten zu glauben. Dankbarkeit empfinde ich auch für Paula, die mir zuhört, meine Welt umarmt und sich meiner Sache mit Leib und Seele verschrieben hat. Für meine Tochter Grazielle, dass sie daran geglaubt und gewartet hat, bis die Frucht reifen konnte. Meinen Enkeln bin ich dankbar dafür, dass sie Teil dieses Traums sind, der sich nun verwirklicht. Und R. Kemp, meinem Paten und Freund. Claudia, meiner Beschützerin, Hüterin und besonderen Freundin. Márcia, der Schwester, die ich nie hatte, aber mit ihr bekommen habe. In Erinnerung an sie möchte ich meine Gefühle der Liebe und Sehnsucht für diese Freundin ausdrücken, die gegangen ist, bevor sie erleben konnte, wie unsere Geschichte ausgehen würde. Das letzte Kapitel im Leben schreiben wir nicht mehr selbst.

Und Senator Suplicy danke ich dafür, dass er viele Stunden seiner Zeit dem Lesen unseres Buches gewidmet hat, mich für meine Resilienz beglückwünscht und sich für meine Geschichte interessiert hat. Und Gott, dem lebenden Schöpfer aller Dinge.

Danksagung von Paula

Danke, Aurea, denn ohne dich wäre nichts. Meine tief empfundene Dankbarkeit dafür, dass du dein Universum und deine persönlichen Geschichten mit uns teilst.

Ein besonderer Dank geht an Betânia Ramos Schroeder, in der ich auf diesem Weg eine Freundin gefunden habe. Ein lebendes Beispiel dafür, dass Feinfühligkeit und Intellekt zusammen unterwegs sein können (und sollten). Danke für deine Großzügigkeit und dafür, dass du deine Kenntnisse mit mir geteilt hast.

Den Freundinnen und Freunden Barbara Klemm, Leo Hilbert, Silvia Bittencourt, Senador Eduardo Suplicy, Joice Berth, Eustáquio Neves, Juliana Braga, Sérgio Costa, Vanessa Ferrari, Paula Siggnoreli, Ricardo Teperman und meiner geliebten Schwester Camila Macedo bin ich sehr dankbar fürs Lesen und/oder wertvolle Beiträge.

Meinem Verleger Axel Dielmann, der immer bereit ist, mit mir neue Herausforderungen anzunehmen, sowie meinem getreuen Übersetzer Michael Kegler danke ich für die Sorgfalt und das Vertrauen.

Antonio Obá, dem genialen zeitgenössischen brasilianischen Künstler danke ich, dass er mit an Bord dieser Geschichte gekommen ist. Sein Gemälde mit dem Titel Variationen über Sankofa ruft mehrschichtig einerseits unsere koloniale Vergangenheit der Unterdrückung auf, zeigt aber auf der anderen Seite auch die Suche einer selbstbewussten Frau, die die Zügel ihres Lebens selbst in die Hand nimmt, um vor dem Hintergrund jahrhundertealten Wissens eine bessere Zukunft zu bauen.

Danke Osvaldo (in memoriam) dafür, dass du mich gelehrt hast, für etwas zu kämpfen, an das man glaubt. Mein Vater wuchs in einer armen Einwandererfamilie im Landesinneren von Paraná auf. Seiner Intelligenz, seiner Entschlossenheit und auch dem Glück ist all das zu verdanken, was er im Leben erreichte. Dabei hat er nie seine Wurzeln und seine Leute vergessen. Sein Hauptaugenmerk als Politiker legte er darauf, der modernen Sklaverei in Brasilien ein Ende zu setzen. Als Mitglied der Verfassungsgebenden Versammlung von 1987 setzte er sich aktiv für die Rechte der Arbeitenden und für Sozialstandards ein, sowie für Alters- und Gesundheitsvorsorge von Landarbeiterinnen und -arbeitern sowie Hausangestellten, die bis dahin praktisch wie Leibeigene in der brasilianischen Gesellschaft gelebt hatten. Seine Forderungen wurden erfüllt und sind Teil der brasilianischen Verfassung von 1988. Sein Erbe macht mich stolz und ist mir Verpflichtung.

Für dich, Beco, mein Vater *Oxalá*. Wo auch immer du bist, du weißt, wofür.

www.dielmann-verlag.de